who? 근현대사

글 스토리박스

어린이 학습 만화 콘텐츠를 개발하는 전문 작가 팀입니다. 오랫동안 학습 만화의 스토리를 쓰고 책 만드는 일을 해 왔습니다. 정확한 학습 정보와 흥미진진한 이야기로 스토리박스는 어린이 여러분과 함께 성장해 나가고 있습니다. 그동안 만든 작품으로는 〈설민석 한국사 대모험〉 시리즈, 〈위기 탈출 넘버원〉 시리즈, 〈브리태니커 만화 백과〉 시리즈, 〈다빈치 융합 학습 만화〉 시리즈 등이 있습니다.

그림 정병훈

꿈과 희망을 전해 줄 수 있는 인물들의 이야기를 디테일한 감성으로 이끌어 내고자 노력하고 있습니다. 대표작으로는 《삼국 시대 이야기》, 《과학 원정대 태풍》, 《who? 사이언스 그레고어 멘델》, 《who? 한국사 박지원》, 《who? 한국사 안중근》 등이 있습니다.

추천 황현필

인문계 고교 교사로 7년 동안 재직 후 EBS와 공무원 등 수험 한국사를 가르쳤습니다. 이후 유튜브 '황현필 한국사' 채널에서 누구나 쉽게 접할 수 있는 대중적인 역사 강의를 하고 있습니다.

 근현대사

김구

초판 1쇄 인쇄 2025년 4월 3일
초판 1쇄 발행 2025년 4월 16일

글 스토리박스 **그림** 정병훈 **감수** 김도환 **표지화** 손정호

펴낸이 김선식
펴낸곳 다산북스

부사장 김은영
어린이사업부총괄이사 이유남
책임편집 박세미 **디자인** 김은지 **책임마케터** 김희연
어린이콘텐츠사업1팀장 박정민 **어린이콘텐츠사업1팀** 김은지 박세미 강푸른 류지형
어린이마케팅본부장 최민용 **어린이마케팅1팀** 안호성 이예주 김희연 **기획마케팅팀** 류승은 박상준
편집관리팀 조세현 김호주 백설희 **저작권팀** 성민경 이슬 윤제희
재무관리팀 하미선 임혜정 이슬기 김주영 오지수
인사총무팀 강미숙 이정환 김혜진 황종원
제작관리팀 이소현 김소영 김진경 이지우
물류관리팀 김형기 김선민 주정훈 양문현 채원석 박재연 이준희 이민운
외부 스태프 정보교 송혜련 본문 조판 한수림

출판등록 2005년 12월 23일 제313-2005-00277호
주소 경기도 파주시 회동길 490
전화 02-704-1724 **팩스** 02-703-2219
다산어린이 카페 cafe.naver.com/dasankids **다산어린이 블로그** blog.naver.com/stdasan
종이 스마일몬스터 **인쇄** 한영문화사 **코팅 및 후가공** 평창피엔지 **제본** 대원바인더리

ISBN 979-11-306-6540-5 14990

품명: 도서 | **제조자명:** 다산북스 | **제조국명:** 대한민국 | **전화번호:** 02)704-1724
주소: 경기도 파주시 회동길 490 (2층) | **사용연령:** 8세 이상
⚠ **주의·경고:** 아이들이 책을 입에 대거나 모서리에 다치지 않게 주의하세요.

※KC마크는 이 제품이 공통안전기준에 적합하였음을 의미합니다.

who? 근현대사
김구

다산
어린이

올바른 역사 교육의 시작, 근현대사

근현대사는 우리에게 가장 가까운 역사이자 현재 살아 있는 역사입니다. 그중에 빼앗긴 나라를 되찾기 위해 전개된 독립운동사는 대한민국 사람이라면 꼭 알고 있어야 하는 내용입니다.

이 나라의 미래인 어린이들이 근현대사와 독립운동사를 반드시 알아야 할 이유가 있습니다. 역사를 올바른 시선으로 보는 법을 배우고, 어려움을 극복한 여러 인물과의 만남을 통해 교훈을 얻음으로써 어린이가 스스로 성장하는 데 도움이 되기 때문입니다. 또한 내가 살고 있는 이 나라 대한민국을 올바르게 사랑하는 애국심을 기르기 위함이 역사 교육의 가장 중요한 목적이 될 것입니다.

저는 일제강점기를 살았더라면 당연히 독립운동했을 것이라는 확고한 신념이 있었습니다.

어느 겨울날 아침 일찍 강의를 위해 집을 나서기 전, 잠든 제 아이들의 볼에 입을 맞추었습니다. 아이들의 볼에서 전해지는 따스한 온기를 느끼자, 추운 집 밖으로 나가기가 싫어지며 다시 침대에 눕고 싶은 마음이 요동쳤습니다. 그 순간, 만주 벌판에서 혹독한 겨울을 견디며 총을 들고 싸웠던 수많은 독립군이 떠올랐습니다.

"내가 일제강점기를 살았더라면, 독립운동을 위해 눈에 넣어도 아프지 않은, 사랑하는 나의 아이들을 두고 생사를 장담할 수 없는 춥디추운 만주 벌판으로 나설 수 있었을까?"

독립운동가들은 존경받아야 합니다.

〈who? 근현대사〉 시리즈는 일제강점기 당시 조국의 독립을 위해 헌신한 인물들을 소개하고 있습니다. 임시정부를 이끌면서 독립운동의 상징적 인물이 된 김구, 봉오동과 청산리에서 일본군을 무찌른 대한독립군 사령관 홍범도, 사회적으로 취약했던 어린이의 인권을 존중하며 소년 운동을 주도한 방정환, 일제강점기 우리 한글을 지켜낸 주시경, 죽는 날까지 하늘을 우러러 한 점 부끄럼이 없었던 저항 시인 윤동주 등 독립운동가들의 발자취 속에서 좌절과 시련을 이겨내고, 희망으로 나아가는 길을 경험하게 될 것입니다. 이 시리즈에서 다루는 인물들의 이야기는 단순한 '역사적 기록'이 아니라, 어린이들에게 용기와 올바른 가치를 심어 주는 '교훈'입니다.

〈who? 근현대사〉 시리즈를 읽으며 대한민국의 미래가 되는 우리 어린이들이 독립운동가를 존경하는 마음을 갖고, 올바른 역사관을 키워 나가길 기대합니다.

한 가지 더 부모님께 당부드립니다. 만약 아이들이 "우리나라는 어떻게 일본으로부터 독립할 수 있었나요?" 하고 묻는다면 이렇게 답해 주세요.

"태평양 전쟁에서 일본이 미국에 패배하면서 우리가 독립을 맞이할 수 있었던 것은 사실이란다. 하지만 그보다 더 중요한 건, 수많은 독립운동가의 희생과 노력이 있었기 때문에 우리가 '완전한 독립'을 얻을 수 있었다는 거야. 그래서 우리는 독립운동가를 기억하고 존경해야 한단다."

황현필 역사바로잡기연구소장

황현필 선생님은 인문계 고등학교에서 역사를 가르쳤습니다. 이후 EBS와 공무원 강의를 통해 한국사를 가르치다 유튜브 '황현필 한국사' 채널을 개설하고 누구나 쉽게 접할 수 있는 대중적인 역사 강의를 하고 있습니다. 2023년에는 남해를 '이순신해'로 병행표기하자는 의견을 제시하고, 국회의원들과 함께 입법 발의를 이끌어 내기도 했습니다. 또, '기억하는 자들이 사라지면, 역사는 왜곡된다'는 신념을 가지고 일제강점기 독립운동을 부정하는 사람들에 맞서 올바른 역사관을 심어 주려고 노력하고 있습니다. 대표 저서로는 《황현필의 진보를 위한 역사》, 《이순신의 바다》, 《어린이를 위한 이순신의 바다 1·2》, 《황현필의 한국사 평생 일력》, 《요즘 역사》 등이 있습니다.

황현필 역사바로잡기연구소장님의 한국사 강의를 만나 보세요. ▲

세계적인 리더로 성장하기 위한 밑거름

〈who?〉 시리즈는 어린이들은 물론 어른들에게도 재미와 감동을 주는 교양 만화입니다. 대한민국은 물론 전 세계에 영향력을 끼친 인물들로 구성되었으며, 인물들의 삶과 사상을 객관적으로 전해 줍니다. 이처럼 다양한 분야에서 활약한 인물들의 이야기를 통해 과학, 예술, 정치, 사상에 관한 정보는 물론이고, 시대별 문화와 역사까지 배우게 될 것입니다.

〈who?〉 시리즈의 가장 큰 장점은 인물들이 그들의 삶에서 겪은 기쁨과 슬픔, 좌절과 시련, 감동을 어린이들이 함께 느낄 수 있다는 것입니다. 어린이 독자들이 인물들을 통해 자신만의 멘토를 만나 세계적인 리더로 성장하기를 진심으로 응원합니다.

존 덩컨 미국 UCLA 동아시아학부 교수
한국학 분야의 세계적인 석학으로, 미국 UCLA 한국학연구소 소장 및 동 대학의 동아시아학부 교수를 겸직하고 있습니다.

세상을 더 나은 곳으로 만든 사람들의 이야기

어린이들은 자라면서 수많은 궁금증을 가지게 됩니다. 그중에서도 "저 사람은 누굴까?"라는 질문은 종종 아이들의 머릿속을 온통 지배해 버리기도 합니다. 〈who?〉 시리즈는 그런 궁금증을 해결해 주기 위해 다양한 분야의 인물들을 소개하고 있습니다.

〈who?〉 시리즈에 등장하는 인물들은 인종과 성별을 넘어 세상을 더 나은 곳으로 만든 사람들입니다. 어린이들은 이 책에서 디지털 아이콘으로 불리는 스티브 잡스는 물론 니콜라 테슬라와 같은 천재 발명가를 만날 수 있습니다.

책 속 주인공들의 어린 시절 이야기를 통해 기쁨과 슬픔, 도전과 성취감을 맛보고, 그들과 함께 성장하면서 인류에 도움이 되는 사람이 되겠다는 포부와 자신감을 갖게 될 것입니다.

에드워드 슐츠 하와이주립대학교 언어학부 교수
하와이주립대학교 언어학부 교수이자, 동 대학교 한국학센터 한국학 편집장을 역임한 세계적인 석학입니다. 현재 한국과 미국, 일본을 오가며 활발하게 활동하고 있습니다.

미래 설계의 힘을 얻는 길이 여기에

어린 시절 만난 한 권의 책이 인생에 미치는 영향이 얼마나 큰지는 꿈을 이룬 사람들을 통해서 알 수 있습니다. 빌 게이츠는 오늘날 자신을 만든 것은 동네의 작은 도서관이었다고 말하고, 오프라 윈프리는 어린 시절 유일한 친구는 책이었음을 고백하며 독서의 중요성에 대해 이야기합니다.

꿈을 이룬 사람들의 공통점은 또 있습니다. 그들에게는 어린 시절, 나만의 특별한 위인이 있었습니다. 버락 오바마, 빌 게이츠, 조앤 롤링, 스티브 잡스 등 세상을 바꾼 사람들의 감동적인 이야기를 담은 〈who?〉 시리즈는 어린이들이 희망찬 미래를 그리고 구체적인 목표를 설정할 수 있도록 도와줄 친구이면서 안내자입니다.

송인섭 한국영재교육학회 회장
자기 주도 학습 분야의 최고 권위자로, 한국영재교육학회 회장입니다. 한국교육심리연구회 회장, 한국교육평가학회장, 한국영재연구원 원장을 역임했습니다.

평생을 이끌어 줄 최고의 멘토를 만나다

국제회의 통역사로 30년 동안 활동하면서 세계적인 리더들을 만났던 저는 대한민국의 초등학생들에게 특별한 조언을 해 주고 싶습니다. 그것은 큰 꿈을 가지라는 것입니다. 꿈은 힘들고 지칠 때 나를 이끌어 주는 힘이고 내 인생의 주인이 되어 일어설 수 있게 하는 원동력이 되어 줍니다. 저 역시 어린 시절 품었던 꿈 덕분에 괴롭고 힘들어도 포기하지 않고 다시 일어설 수 있었습니다.

어린 시절 저에게도 용기를 불어넣어 주고 힘이 되어 주었던 분들이 있었습니다. 지금의 자리로 저를 이끌어 준 멘토들처럼 〈who?〉 시리즈에서 여러분의 친구이자 형제, 선생님이 되어 줄 멘토를 만날 수 있기를 바랍니다.

최정화 우리나라 최초 국제회의 통역사
우리나라 최초의 국제회의 통역사로 한국외국어대학교 번역대학원 교수입니다. 세계에서 꿈을 펼치려고 하는 소년에게 멘토의 역할을 충실히 하고 있습니다.

구성 및 활용법

등장 인물 소개

본문 만화에 나오는 중심 인물을 비롯하여 나오는 인물들을 소개합니다. 이야기를 읽기 전 인물들 대해 미리 알아볼 수 있어요.

인물 관계도

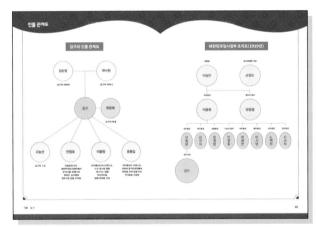

이야기 속 여러 인문들의 관계를 한눈에 보여 줍니다. 이야기 흐름을 파악하는 데 도움을 줄 거예요.

인물 만화

우리나라 역사 인물들을 만화로 만나면 어렵고 딱딱한 역사도 쉽고 재미있게 즐길 수 있어요.

근현대사 흐름 잡기

생생한 사진과 자세한 해설로 근현대사 흐름을 알려 주어 다양한 교과 연계 학습이 가능합니다.

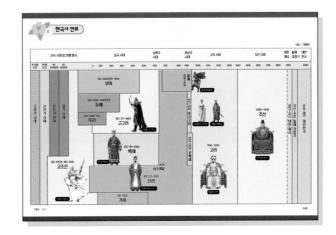

한국사 연표

선사 시대부터 현재까지 이어진 한국사 전체 연표로 역사의 전체 흐름을 이해할 수 있어요.

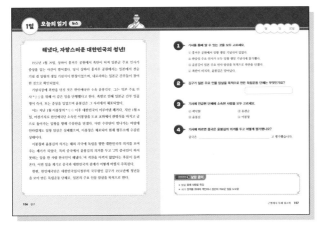

근현대사 독해 워크북

하루에 하나씩 지문을 읽고 문제를 풀어 보세요. 하루하루가 쌓여 문해력이 향상됩니다.

차례

독립운동가 · 정치인

김구

1876-1949

김구는 어릴 적부터 부조리한 세상을 인식하고 바꾸어 보려는 의지가 강했어요. 동학에 입문한 뒤로는 평등한 세상을 꿈꾸며 동학농민운동에 참여하기도 했어요. 일제가 우리나라를 본격적으로 침략한 시기에는 신민회에서 활동하면서 민족 교육에 힘썼어요. 1919년에 상하이로 망명한 뒤 독립운동의 중심이 되어 독립운동을 이끌었습니다.

독립운동가 · 김구의 어머니

곽낙원

1859-1939

곽낙원은 황해도 장연군에서 태어났어요. 김순영과 혼인하여 김구를 낳았어요. 아들 김구에게 큰 희망을 걸고 가난한 살림에도 공부를 계속할 수 있도록 뒷바라지했어요. 우리나라를 침탈한 일제에 맞서 싸우는 김구를 자랑스러워했으며, 대한민국임시정부 가족을 대표하는 어른으로서 역할을 다했어요.

성리학자 · 김구의 스승

고능선

1842-1926

조선 후기의 성리학자이며, 김구의 스승이에요. 안중근의 아버지인 안태훈의 초청으로 청계동에서 아이들을 가르쳤어요. 1895년에 안태훈이 사는 곳으로 피신 온 김구와 처음 만나게 되었고, 애국 사상과 민족주의를 가르쳤어요. 김구더러 청나라로 가 의병 활동을 하라고 권하기도 하는 등 김구의 청년 시절 인생의 방향을 정하는 데 영향을 끼쳤습니다.

독립운동가 · 교육자

안창호

1878-1938

안창호는 대한제국의 애국계몽 운동가이자, 일제강점기 때 독립운동가로 활동했어요. 연설과 웅변에 재주가 있어, 조선의 여러 청년들을 독립운동에 참여할 수 있도록 연설로 독려했어요. 신민회를 조직해서 독립운동해 나갔으며, 1919년 3·1 운동이 일어난 뒤 설립된 대한민국임시정부에서는 독립운동에 필요한 인재와 물자를 공급하려 애썼어요.

1876년	1893년	1894년	1905년	1914년
김구(창암) 출생	동학 입문	청일전쟁, 동학농민운동	을사늑약	이름을 김구로 함

독립운동가
이봉창
1901-1932

대한민국임시정부의 특수 임무 부대인 한인애국단의 첫 번째 단원이었어요. 평범한 청년으로 지내다가 용산역 연결수로 일하면서 조선인에 대한 차별 대우를 인식하게 되었어요. 자연히 조국의 독립에 관심을 갖게 된 이봉창은 상하이에서 김구와 만나면서 독립운동에 대한 의지를 다졌어요. 1932년 1월 8일 도쿄에서 일왕에게 폭탄을 던지는 의열 투쟁을 했습니다.

독립운동가
윤봉길
1908-1932

대한민국임시정부 한인애국단의 단원이에요. 보통학교를 다니던 시절에 3·1 만세 시위에 대한 일제의 탄압을 지켜본 윤봉길은 일본인이 되라는 학교에 가지 않겠다는 뜻을 밝히며 보통학교를 자퇴했어요. 농촌 계몽 운동가로 살다가 독립운동을 위해 상하이로 가 김구를 만났어요. 1932년 4월 29일 상하이 홍커우 공원에서 폭탄을 투척하여 많은 일본군을 폭살하는 의거를 했습니다.

김구가 활동한 시대는?

김구가 어린 시절을 보낸 19세기 말 조선 농민들은 과도한 세금과 수탈적인 지주 제도 때문에 어려운 생활을 겪고 있었어요. 게다가 조선 왕조의 정치적 부패와 무능력이 심각했습니다. 이즈음 동학이 농민들의 목소리를 대변했으며, 1894년에는 동학 농민운동이 일어났습니다. 1895년에는 명성황후가 일본군에 의해 시해당하는 을미사변이 벌어졌고, 러일전쟁에서 승리한 일본이 1905년 11월 17일 대한제국의 외교권과 주권을 강제로 박탈하는 을사늑약을 맺었어요. 김구는 을사늑약 파기를 청원하는 상소와 반대 시위 집회를 주도하였고 1907년 신민회에 참여하여 구국 계몽운동을 펼쳤습니다. 1919년 3·1 운동이 일어난 뒤 상하이로 망명하여 대한민국임시정부에서 광복을 맞이하기까지 27년 동안 독립을 위해 갖은 애를 썼습니다. 김구가 이끄는 임시정부는 외교적 활동으로 국권피탈의 부당함을 알리는 한편 한인애국단을 중심으로 의열 투쟁을 전개했습니다.

● 1919년	● 1931년	● 1945년	● 1949년
상해 망명, 임시정부 경무국장이 됨	한인애국단 창단	광복	김구 사망

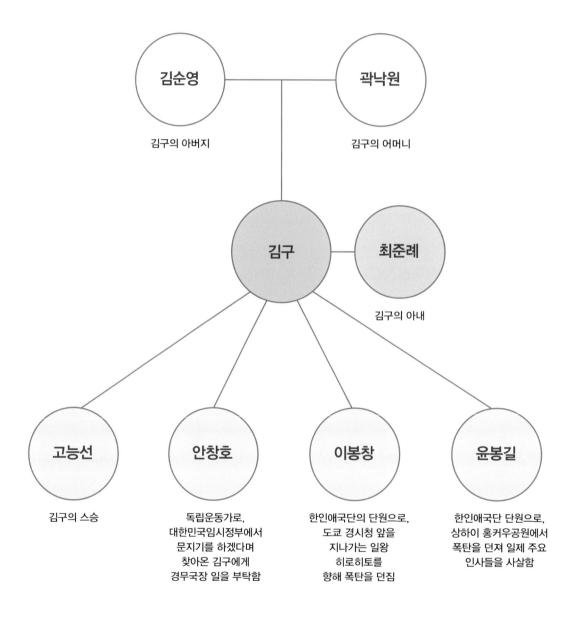

김구의 인물 관계도

김순영
김구의 아버지

곽낙원
김구의 어머니

김구

최준례
김구의 아내

고능선
김구의 스승

안창호
독립운동가로,
대한민국임시정부에서
문지기를 하겠다며
찾아온 김구에게
경무국장 일을 부탁함

이봉창
한인애국단의 단원으로,
도쿄 경시청 앞을
지나가는 일왕
히로히토를
향해 폭탄을 던짐

윤봉길
한인애국단 단원으로,
상하이 훙커우공원에서
폭탄을 던져 일제 주요
인사들을 사살함

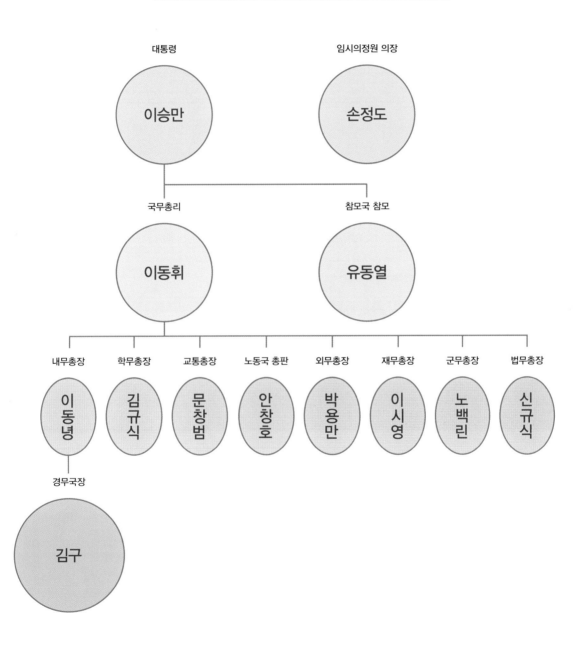

중국 상하이에 대한민국임시정부가 세워진 1919년,
김구는 독립운동가 안창호를 찾아갔습니다.

임시정부의
문지기가 되고
싶습니다.

아니, 김구 선생이
문지기라니요?

과거 옥살이를
할 때, 만일 독립
정부가 만들어지면
정부의 마당을 쓸고
문을 지키기로
마음먹었습니다.

임시정부를
지키는 것이
제 소원입니다.

선생의 뜻 잘 알겠습니다.

* **경무국** 대한민국임시정부에서 경찰 업무를 맡아보던 관청

이후 김구는 임시정부의 최고 자리인 주석까지 올랐습니다.

동지들, 일제를 몰아내고 빼앗긴 나라를 되찾읍시다!

광복을 이룬 뒤에도 김구는 나라가 분단되어 가는 모습을 보며 마음이 찢어질 것만 같은 아픔을 느꼈습니다.

삐─익_

거기 서라!

두 번 다시 이런 아픈 역사가 반복되어서는 안 된다.

김구는 후세 사람들을 위해 자기 삶을 기록으로 남기기로 마음먹었습니다.

1 가난을 딛고 일어선 개구쟁이

조선군이 배의 접근을 막기 위해 경고 사격을 하자, 일본군은 기다렸다는 듯 함포 공격을 퍼부었습니다. 이것이 '운요호 사건'입니다.

일본은 이를 핑계로 이듬해인 1876년, 조선과 강제로 강화도조약을 맺었습니다

강화도조약은 조선이 나라의 문을 여는 계기가 되기도 했지만, 일본 침략의 발판이 된 불평등 조약이었습니다.

황해도 해주 텃골

아아억

이를 어째.
일주일째 진통만
하고 있으니!

이놈아.
빨리 안 하고
뭐 해?

무슨 이런다고
애가 나온답니까?
다 미신이라고요!

시끄럽다! 이러다
네 마누라 잘못되기라도
하면 어떡할 거냐!

아, 알겠습니다.
하면 되잖아요.

음매

더 크게!

음매~

음매~

으아아아

음매… 응?

강화도조약이 체결되던 1876년, 우렁찬 목소리와 함께 김구가 태어났습니다.

으애

으애

엿 사세요,
엿!

둘이 먹다 하나가 죽어도
모르는 엿 사세요!

얼마나 맛있으면
사람이 죽어도
모를까?

못 쓰는 놋그릇이나 부러진
숟가락을 엿으로
바꿔 드려요!

두리번

부러진 숟가락…?

앗, 아버지
숟가락이다!

어? 이건 안
부러졌는데….
멀쩡한 건 안 받아
주겠지?

에라, 모르겠다.

땅
가
앙

*창암이 이 녀석! 아버지 숟가락을 엿 바꿔 먹으면 아버지는 뭘로 밥을 먹어?

제 숟가락으로 드세요.

다시는 이런 짓 하면 안 된다!

네, 아버지! 다시는 안 그럴게요.

히히!

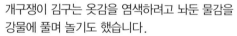

개구쟁이 김구는 옷감을 염색하려고 놔둔 물감을 강물에 풀며 놀기도 했습니다.

누가 아버지 돈 갖다 떡 사 먹으래?

앗, 들켰다!

* 창암 김구의 어릴 적 이름

와, 파란 강 빨간 강이다!

아, 아니 저 귀한 물감을….

검을 현!

누를 황!

하늘 천,
따 지….

우리
창암이가
언제 이렇게
컸니?

저도 이제 어린애가
아니라고요.
그러니까 엿도 많이
사 주시고….

아니, 그게
정말인가?

응?

아버지, 무슨
일이에요?

친척 할아버지가 몰래
갓을 쓰고 나갔는데
양반한테 들켜서
갓이 갈기갈기
찢겼다지 뭐냐.

그러게 *상놈
신분에 왜 갓을 쓰고
나가서는….

집안에 혼사가 있어서
가는 길이었대.

* **상놈** 신분이 낮은 사람을 이르는 말

28   김구

아버지, 어째서 태어날 때부터 누구는 양반이고, 누구는 상놈입니까?

우리 집안도 옛날에는 양반이었다. 지금은 집안이 기울어 상놈 신세가 되었지만.

그럼 어떻게 하면 양반이 될 수 있나요?

그거야 글을 배워 과거에 급제하면 되지.

과거?

아버지, 저 서당에 가고 싶어요!

이를 어쩐다? 동네에는 서당이 없고, 양반들 다니는 서당에 보내면 무시당할 게 뻔한데.

서, 서당?

네! 글공부해서 과거에 급제할 거예요.

옳지!

세 달 뒤, 서당이 산골에 있는 신 *존위의 집으로 옮겨졌습니다. 김구는 밥그릇을 들고 고개를 넘어 글을 배우러 다녀야 했습니다.

배우고 때때로 익히면 기쁘지 아니한가!

잘했다. 오늘은 창암이가 장원이다.

조금 쉬었다 글공부를 계속할 테니, 잠시 변소에 다녀오도록 하거라.

네!

창암아, 이따 글 왤 때 일부러 좀 틀려 주면 안 되겠니?

네? 스승님, 어째서….

그게… 네가 장원을 독차지하니까 신 존위가 샘을 내서 곤란하구나.

스승님, 까먹었어요.

와하하

창암이도 까먹을 때가 있네!

아, 네….

* 존위 예전에, 한 면 또는 마을의 어른이 되는 사람을 이르던 말

32 김구

창암아! 창암이 있느냐?

어, 스승님이다!

스승님, 아침 일찍 무슨 일이세요?

작별 인사를 하러 왔다.

작별 인사라뇨?

글쎄… 제가 밥을 많이 먹는다고 나가라지 뭡니까?

신 존위, 이런 몹쓸 인간을 봤나!

그건 다 핑계고, 자기 아들이 창암이보다 공부를 못하니까 배가 아파서 그런 게지요.

하지만 어쩌겠소? 나가라니 나가야지.

창암아, 내가 없더라도 글공부 열심히 해서 꼭 훌륭한 사람이 되어야 한다.

스승님…

그럼 이만….

가시면 안 돼요.

스승님 덕분에 까막눈 신세를 겨우 벗어난걸요!

앞으로 글공부 열심히 해서 과거에 급제할 거예요. 그래서 우리 같은 사람들이 차별받지 않는 세상을 만들 거라고요!

그래그래, 장하구나.

창암이 너라면 꼭 그런 세상을 만들 수 있을 거다.

어허, 이것 참!

그러니까 가지 마시고 글 가르쳐 주세요.

이후 김구의 글공부는 순조롭지 않았습니다. 건강하던 김구의 아버지가 갑자기 몸져눕게 된 것입니다.

이게 무슨 날벼락이냐!

창암이 아버지! 왜 그래요?

···

김구의 어머니는 이름난 의원을 찾아 전국을 떠돌아다녔고, 김구는 친척 집에 맡겨졌습니다.

하늘 천, 따 지!

창암아, 산에 가서 땔감 좀 해 오렴!

네···.

검을 현, 누를 황!

나도 다시 글공부를 할 수 있으면 얼마나 좋을까?

다행히 아버지의 몸이 조금씩 나아져, 다시 부모님과 같이 살게 되었습니다.

어머니!

아이고, 우리 아들! 얼굴이 반쪽이 되었구나.

어머니, 저 서당에….

당장 끼니 때우기도 힘드니, 글공부는 좀 미루면 어떻겠니?

그런데 집에서 얼마큼 떨어진 곳에서 김구의 먼 친척이 글을 가르치고 있다는 소식을 듣게 되었습니다. 김구는 그곳에서 글을 배우게 되었지요.

글만 배울 수 있다면 이깟 산 열 개라도 넘을 수 있어.

스승님! 글 가르쳐 주세요.

에구머니나!

인석아, 아침 댓바람부터 무슨 공부를….

수신제가! 치국평천하!

먼저 몸과 마음을 닦고 수양하여, 그다음 집안을 안정시키고….

수신제가! 치국평천하!

오늘은 여기까지다.

개똥아, 자치기하러 가자.

싫어! 난 더워서 개울에서 놀고 싶어.

창암아, 내일 아버지를 모셔 오너라.

네, 알겠습니다.

이번에 해주에서 과거 시험이 열리는데, 창암이도 한번 응시해 보면 어떻겠습니까?

창암이가요?

하지만 창암이는 아직 글이 부족할 텐데….

좋은 경험이 될 것입니다. 언제 또 이런 기회가 올지 모르니까요.

열일곱 살이 되던 1892년, 김구는 과거에 응시했습니다.

꼭 시험에 붙어서 차별 없는 세상을 만들 테다.

아차, 이러고 있을 때가 아니지.

물건에는 근본과 지엽이 있고, 일에는 끝과 시작이 있으니,

지소선후면 즉근도의리라. 먼저 하고, 나중에 할 바를 알면 곧 도에 가까운 것…

너는 과거장 앞에서 뭐 하는 거냐?

과거 시험 보려고
책을 읽고 있습니다.

이런 애송이를 봤나!
이깟 책 나부랭이가 과거
시험에 붙여 준다더냐?

그게, 무슨 말씀이십니까?

글을 잘
쓴다고 과거
시험에 붙는
게 아니라는
소리다.

그, 그럼?

과거에 붙으려면…

꿀꺽

요걸 잘 써야
하는 거야.

짤
랑

그래, 자네는 이번에
얼마나 갖다 바쳤나?

놀라지 말게.

김구의 어린 시절 시대적 상황

김구의 어린 시절, 조선 사회는 매우 혼란스러웠어요. 일본과 맺은 강화도조약으로 그동안 굳게 닫았던 나라의 문을 강제로 열게 된 한편, 상민들이 부를 축적하며 그동안 굳건하게 유지되었던 신분제에 변화가 생겼지요. 어떤 일들이 있었는지 자세히 알아볼까요?

일본과 조선의 외교 분쟁과 강화도조약

1875년, 일본은 조선의 해안을 측량한다는 이유를 들어 강화도에 접근했다가 조선군과 교전을 벌이고 돌아갔어요. 이 일을 문제 삼아 일본은 조선에 피해 보상을 요구했지요. 이에 따라 일본과 조선은 1876년 2월 강화도조약을 맺었어요.

강화도조약의 맨 처음에는 '조선은 자주의 나라로 일본과 평등한 권리를 가진다.'라고 쓰여 있지만, 실상은 그렇지 않았어요. 이 조약으로 인해 조선은 그동

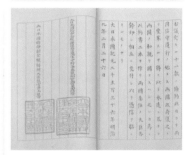
강화도 조약 ⓒwikipedia

안 닫아 두었던 항구를 열어 외국 상인을 받아들여야 했고, 일본이 마음대로 해안을 측량하도록 허가해야 했어요. 또한 일본인이 조선에서 잘못을 저지르더라도 일본 관리가 일본 법에 따라 심판하도록 했지요. 강화도조약은 조선이 다른 나라에도 문을 여는 계기가 되었지만, 일본에만 유리한 불평등한 조약으로 일본의 조선 침략을 위한 발판이 되기도 했어요.

조선 시대 신분제 변화

조선 시대의 신분은 크게 양반, 중인, 상민, 천민, 이렇게 넷으로 나눌 수 있어요. 이중 상민이 가장 많았지만, 조선 후기에 들어서면서 변화를 보이기 시작했어요.

중인은 양반과 상민의 중간 계층으로, 전문 기술을 가진 기술관들이 여기에 속했어요. 중인들은 전문 기술을 이용해 부를 축적하게 되었어요. 이를테면 통역하는 역관은 무역으로 큰돈을 벌었지요. 주로 농사를 짓는 상민들 역시 농사법이 바뀌면서 큰돈을 벌었어요. 모내기법으로 쌀 생산량이 늘어나고 담배나 인삼 같은 비싼 작물을 재배해 팔았거든요.

반면 양반 중에는 가세가 기울어 상민이나 다름없는 생활을 하는 사람들이 있었어요. 개중에는 돈 많은 중인과 상민들에게 양반 신분을 팔기도 했지요.

양반에게 신분을 사는 것 말고도 중인과 상민이 양반이 될 방법이 있었어요. 나라에서 재정을 늘리기 위해 '납속책', '공명첩'처럼 돈으로 관직을 사고팔 수 있게 했던 것이지요. 중인과 상민이 축적한 부를 바탕으로 신분이 양반으로 오르면서 그만큼 양반의 수가 급격하게 늘어났어요. 이 때문에 양반 중심의 신분 사회가 혼란에 빠지게 되었답니다.

조선 후기 불합리한 과거제도

조선 시대에 관직을 얻으려면 과거시험을 보는 게 가장 일반적이었어요. 과거는 공정한 시험으로 능력 있는 인재를 선발하는 제도였으나, 시간이 지나면서 많은 문제점이 나타나기 시작했어요. 다른 사람의 글을 본인이 쓴 답으로 꾸며 내는가 하면 다른 사람이 대신 시험을 치기도 했어요.

과거시험에 합격한다 해도 바로 벼슬에 오르기는 어려웠어요. 당시 권력을 쥐고 있

경복궁에서 있었던 과거시험 재현 ©Korea.net(Jeon Han)

는 세도 가문의 눈에 들지 못하면 관직을 얻을 수 없었기 때문이에요. 그래서 사람들은 세도 가문에게 돈을 주고 관직을 샀어요. 이 때문에 공부를 아무리 열심히 하고 능력이 출중해도 돈이 없다면 관직에 나아가기 힘들었어요. 이렇게 많은 문제를 일으킨 과거제도는 1894년 갑오개혁 때 폐지되었어요.

여기서 잠깐

납속책과 공명첩

조선은 임진왜란과 병자호란 이후 나라 살림이 부족해지자 부족한 재정을 마련하기 위해 '납속책'을 시행했어요. 납속이란 백성으로부터 곡식을 기부받는다는 뜻이에요. 정부에서는 곡식을 낸 사람에게 '공명첩'을 내주었어요. 공명첩은 이름이 적혀 있지 않은 관직 임명장이에요. 실제 일을 시키지는 않고 이름뿐인 직책을 주는 것이었어요. 그러니까 신분 상관없이 돈(곡식)만 있으면 양반 행세를 할 수 있었지요. 납속책과 공명첩 덕분에 나라에서는 재정을 마련할 수 있었지만, 공명첩을 강제로 파는 경우도 많았고 양반 계층에 대한 존경심도 점차 옅어지게 되었어요.

2 🌸 동학의 물결

글쎄 내가 동학의 오응선이라는 사람을 아는데, 하늘을 날아다닌다니까?

예끼 이 사람! 하늘을 날아다니면 그게 새지 사람이야?

정말이라니까. 순식간에 사라지기도 한다고.

봤어? 봤냐고?

내가 보, 본 건 아니고 ….

그 오응선이라는 사람, 어디 삽니까?

남쪽으로 20리쯤 가면, 갯골이라는 마을….

쌔-앵

세상에, 그런 분이 가까이 살고 있었다니!

창암이야말로 하늘을 날아다니네!

오응선 어르신을 뵙고자 찾아왔습니다.

제가 오응선입니다.

어르신, 왜 이러십니까? 저 같은 상놈한테 절하시다니요!

그럼요. 동학은 사람을 차별하지 않습니다.

모든 이가 하늘처럼 높고 평등한데, 양반과 상놈이 어디 있단 말입니까?

모, 모든 사람이 평등하다고요?

그게 저, 정말입니까?

그동안 양반들한테 갖은 차별을 당하며 살아왔는데….

동학이야말로 내가 꿈꾸던 세상 아닌가!

동학에 대해서 좀 더 듣고 싶습니다.

동학의 가르침에 따르면….

머지않아 계룡산에서 새 나라가 열릴 것입니다.

그게 정말입니까?

선생님, 어찌하면 동학교도가 될 수 있습니까?

동학교도가 되려면….

….

이보게, 창수. 동학의 가르침을 나한테도 좀 알려 주지 않겠는가?

악을 행하지 말고, 선을 행하면 됩니다.

1893년에 18세가 된 김구는 동학에 입도하면서 이름을 창암에서 창수로 바꾸었습니다.

나도 창수 밑으로 들어가야겠어.

나도 같이 들어가세.

곧 김구를 따르는 사람이 수천 명이 되었고, 김구는 아기 *접주로 불리게 되었습니다.

창수 자네, 하늘 위를 걸어 다닌다는 게 사실인가?

이 사람이! 그 정도는 쉽게 하지 않겠어?

그리고 이듬해, 충청남도 보은에 있는 동학의 2대 교주 최시형을 찾아가 정식으로 접주 임명을 받았습니다.

온 나라에 왜놈들과 탐관오리들이 들끓고 있습니다!

새로운 세상을 열려면 이들을 응징하지 않으면 안 됩니다.

지당하신 말씀입니다.

* **접주** 동학의 집회소인 접의 우두머리

1894년, 전국적으로 동학농민운동이 일어났습니다. 당시 녹두장군이라 불리던 전봉준은 동학농민군을 이끌고 부안, 정읍, 고창, 전주까지 점령했습니다.

탐관오리들을 무찌르자!

무찌르자!

황해도 해주로 돌아온 김구는 다른 접주들과 대책을 논의했습니다.

우리도 더 이상 참아서는 안 됩니다.

이번 기회에 탐관오리와 왜놈들을 혼내 줍시다.

창수, 자네 휘하에 있는 포수들이 뛰어나니, 선봉을 맡아 주게.

그리하겠습니다.

해주성을 지키는
관군은 많지
않습니다.

여러분이
남쪽 문을 공격해서
시선을 끄는 동안, 제가
나머지 병사들과 서쪽을
공격하겠습니다.

좋습니다!

공격!

돌격하라!

와..

익! 초, 총소리?

초, 총이다.
도망치자.

선발대에 무슨 일이 생긴 겁니까?

총소리에 놀란 모양입니다.

이런…

접주님, 몸을 피하시는 게 좋을 듯합니다.

다들 농민들이라 총소리에 익숙하지 못해… 겁을 먹고 도망친 것 같습니다.

분하지만 다시 기회를 노리자.

구월산으로 본거지를 옮기고 군사를 훈련하던 김구는, 같은 동학군인 이동엽 부대의 공격을 받고 피신해야 했습니다.

와아앙

*노략질도 못하게 하는 김창수 부대를 혼내 주자!

* **노략질** 떼 지어 다니며 사람을 해치거나 재물을 강제로 빼앗는 짓

오호, 마침 우리 중근이가 오는군!

?

우리 중근이가 총을 쏘면 백발백중이라네, 하하하!

지금은 한낱 사냥이나 다니고 있지만, 언젠가 이 총으로 나라를 구할 날이 올 것입니다.

그럼그럼. 너라면 능히 큰 인물이 될 것이다.

보통 청년이 아니구나.

여기 창수랑도 친하게 지내거라. 너희 둘은 장차 큰일을 할 사람들이다.

안중근이라 합니다.

김창수라 하네. 앞으로 잘 부탁하네.

훗날 안중근은 중국 하얼빈역에서 우리나라 침략의 원흉인 이토 히로부미를 사살합니다.

여기 이분은 학문이 아주 높으신, 고능선 선생이시네.

김창수라 합니다.

귀한 사람들이 모이니, 술맛이 훨씬 좋구려! 하하하!

고 선생, 여기 이 청년에게도 좋은 가르침 부탁드립니다.

누구 부탁인데 거절하겠습니까?

쯔윽

저분에게는 뭔가 넘볼 수 없는 위엄이 있어.

이보게 창수, 언제 우리 집 사랑에 놀러 오지 않겠는가?

불러만 주신다면 언제든 달려가겠습니다.

선생님, 저 창수입니다.

사랑에 놀러 오라는 말씀에 이렇게 염치 불구하고 불쑥 찾아뵈었습니다.

옛 스승들의 가르침을 따라가다 보면 반드시 목적지에 도달할 날이 오는 법!

그러니 앞만 보고 학문에 힘쓰도록 하게.

알겠습니다.

아무리 재주가 뛰어나도 의리가 없으면 도리어 재능이 화근이 되는 법이네.

예.

일을 도모할 때에는 판단, 실행, 지속의 세 단계를 잊어서는 안 되네.

아무리 많이 알고 있더라도 실행에 옮길 결단력이 없으면 다 쓸데없는 법!

결단력이 부족한 나를 꿰뚫어 보셨구나!

가지를 잡고 나무에 오르는 것은 대단한 일이 아니지만, 벼랑에 매달려서도 잡은 손을 놓을 수 있는 것이 장부일세.

아!

지금 조선은 왜놈들의 안방이 되어 있네. 조정의 관리들까지 일본 편에 붙어 자기 배만 채우려 하고 있어.

나라가 언제 망해도 이상할 게 없지.

스승님, 그럼 어찌하면 좋겠습니까?

청나라는 작년에 일본과 전쟁을 벌여 패한 뒤, 지금 이를 갈고 있네.

분명 기회를 벼르고 있을 테니, 청나라의 사정을 미리 살펴보면 도움이 될 걸세.

과연….

이 소식은 청나라를 여행하던 김구 귀에까지 들어갔습니다.

감히 우리나라 국모를….

나도 의병에 참여하고 싶습니다.

좋소. 함께 국모의 원수를 갚읍시다.

김구는 김이언이 의병을 일으켜 조선으로 간다는 소식을 듣고 그를 찾아갔습니다.

하지만 김이언은 남의 말을 듣지 않는 독불장군이었습니다.

고산진을 쳐 무기를 빼앗은 뒤 강계성으로 쳐들어간다!

하지만 고산진을 쳤다는 소문이 들어가면 강계성 수비가 엄중해질 텐데요.

시끄럽소. 우리 부대라면 절대 무너지지 않소.

고집을 부리던 김이언 부대는 강계성 전투에서 참패하고 말았습니다. 실망한 김구는 김이언 부대에서 빠져나와 고향으로 돌아갔습니다.

탕 탕 탕

으앗, 이게 어떻게 된 거야!

앗, 당했다!

저 사람은 믿을 사람이 못 돼. 일단 고향으로 돌아가자.

머리카락을 자르려거든 차라리 내 목을 잘라라!

부모님이 물려주신 신체는 털끝 하나 함부로 해선 안 된다!

고향으로 돌아오자, 일본의 압력으로 전국에 단발령이 내려졌다는 소식이 들려왔습니다.

김구는 단발령을 피해 다시 청나라로 향했어요.

감히 부모님께서 물려주신 머리카락을…!

단발령이 해지되었대.

정말?

그렇다면 도망갈 이유가 없는데… 다시 고향으로 돌아가자.

1896년 2월, 김구는 고향으로 돌아가던 중 대동강 치하포의 한 주막에서 수상한 사람을 만났습니다.

분명 행색은 조선 사람인데, 말투도 그렇고 뭔가 수상한걸.

아니, 저건 왜놈의 칼…?

벼랑에 매달려서도 잡은 손을 놓을 수 있는 것이 장부이거늘.

국모를 죽인 자들과 관련이 있을지도….

하지만 섣불리 나섰다가 저놈 칼에 목숨을 잃을지도 모르는데….

그래, 스승님이 말씀하셨지. 결단력이 있어야 한다고!

네 이놈!

뻑!

으악!

웨, 웬 놈이냐?

화 옥 음

무슨 일이래?

싸움 났나 봐.

동학과 동학농민운동

김구가 몸담았던 동학은 우리나라에서 발생한 민족 종교로, 당시 상민들 사이에서 퍼져나간 천주교, 즉 '서학'에 반대하여 만들었어요. 동학은 누가 만들었으며 당시 사람들에게 어떤 영향을 끼쳤는지 알아볼까요?

동학의 발생

조선 후기에는 혼란한 사회를 틈타 서양의 종교인 천주교가 널리 퍼졌어요. 천주교는 모두가 평등하다는 사상을 기반으로 고달픈 상민들을 위로하는 종교로 자리했지만, 우리나라 사람들이 중요하게 여기는 제사를 금지하는 등 우리나라 전통을 해쳐 탄압의 대상이 되기도 했지요. 게다가 중국이 서양의 침략을 받아 서양 문물과 서학에 대한 반감은 더욱 커졌어요.

이러한 때, 최제우는 전통을 지키면서도 고통받는 사람들을 도울 수 있는 종교가 필요하다고 여겼어요. 1860년, 그는 사람들에게 익숙한 유교와 불교, 도교의 가르침을 합쳐 새롭게 '동학'을 창시했지요. 종교로 시작한 동학은 점차 사람들의 어려움을 해결하기 위해 적극적으로 나서면서 부패한 정부와 외세에 맞서 싸우게 되었어요.

동학의 사상

동학에서 강조하는 사상은 '인내천', '후천 개벽', '보국안민', 이렇게 세 가지예요.

'인내천'은 모든 사람이 존중받아야 할 귀한 존재라는 뜻이에요. '후천 개벽'은 지금의 세상이 끝나고 새로운 세상이 시작될 것이라는 뜻이에요. 양반만 중시하고 신분에 따라 차별하여 사람들을 괴롭게 하는 사회가 끝나고 모두가 평등한 사회가 올 것이라는 바람이 담겨 있지요.

'보국안민'은 나라를 돕고 백성을 편안하게 한다는 뜻이에요. 동학이 창시되었을 당시 조선은 일본과 서양에서 호시탐탐 노리고 있었어요. 이에 최제우는 다른 나라의 침략에 맞서기 위해 보국안민을 주장했지요. 이후에는 서양 세력뿐 아니라 백성들을 괴롭히는 관리, 더 나아가 나라를 빼앗은 일본까지도 나라를 위협하는 존재로 여겼고, 동학에서는 이에 맞서 싸웠어요.

동학농민운동

동학에서 부패한 탐관오리 및 외세에 맞서 싸운 가장 대표적인 사건이 바로 '동학농민운동'이에요. 전라도 고부군에서 군수 조병갑의 수탈을 견디지 못한 사람들이 1894년 1월 동학 교도인 전봉준을 중심으로 난을 일으켰어요.

이후 사건을 조사하러 온 관리가 오히려 동학을 탄압하자, 전라도 각지에서 농민들이 들고 일어났습니다. 농민군은 관군을 무찌르고 전주성을 점령했어요.

놀란 조정에서 청에 원군을 요

동학농민운동 최후의 전투였던 우금치 전투 ©김삼웅

청하자, 농민군은 외국 군대가 들어오는 것을 막기 위해 관군과 휴전해요. 그러나 청나라 군대가 파견되고, 이를 핑계 삼아 함께 군대를 파견한 일본이 우리나라에 간섭하자 농민군은 일본을 몰아내기 위해 다시 한번 일어나지요. 거세게 맞서 싸우던 농민군은 공주 우금치 전투에서 일본군에게 크게 패하고 말았어요.

이후 전봉준을 비롯한 여러 지도자가 체포되면서 동학농민운동은 실패로 끝났어요.

여기서 잠깐

동학 2대 교주 최시형(1827~1898)

최시형 ©국립중앙박물관

최시형은 경주의 가난한 집안에서 태어났어요 그는 1861년에 동학을 믿기 시작하면서부터 최제우를 찾아가 세상과 철학, 사상 등을 서로 나누었으며 최제우의 제자가 되었어요. 1863년에는 최제우의 뒤를 이어 2대 교주가 되었고, 동학을 사람들에게 널리 알리도록 힘썼지요. 동학의 경전인 《동경대전》과 《용담유사》를 발간하는 한편 교리를 연구하는 집회를 만들어 조직을 정비했어요.

또한 처형된 교조 최제우의 억울함을 풀기 위해 사람들과 함께 '교조 신원 운동'을 펼쳤어요. 동학농민운동에 참여하기도 했던 그는 공주 우금치 전투에서 패한 뒤 1898년에 체포되어 처형되었어요.

3 🌸 배움이 실천으로

치하포에서 일본인을 죽인 김구는 당당하게 고향으로 돌아왔습니다.

창수가 왜놈을 때려 죽였다지?

죽어도 싸지. 우리 국모를 죽인 짐승만도 못한 놈들!

왜놈을 혼내 주니, 내 속이 다 후련하네.

창수야!

곧 왜놈들이 들이닥칠 텐데, 몸을 피하는 게 어떻겠냐?

저는 국모의 원수를 갚은 것뿐입니다.

그러니 도망칠 이유가 없습니다.

틀린 말은 아니다만….

내 체포장에는 내무부 도장이 찍혀 있으니, 여기에서 신문할 권리는 없소이다!

뭐, 뭣이 어쩌고 어째?

옳은 소리라 반박도 못 하겠고… 이것 참!

왜놈을 죽인 지 석 달이 지난 1896년 5월, 김구는 해주 감옥으로 끌려가 혹독한 신문을 받았습니다.

그해 7월, 김구는 인천 감옥으로 이송되었습니다.

창수야.

어머니….

나랑 같이 바다에 빠져 죽자. 그럼 귀신이 되어서라도 같이 있을 수 있잖니?

어머니!

인천 감옥에 가면 왜놈들 손에 죽고 말 거야.

저는 죽지 않습니다.

나라의 원수를 갚았으니, 하늘도 그 뜻을 저버리지 않을 거라고요.

그리고 나라를 위해 할 일이 남았는데, 어찌 죽을 수 있단 말입니까!

그래그래, 내 아들.

일본 사람은 왜 죽였어?
돈을 빼앗을 목적으로
죽인 거지?

국모의 원수를
갚으려고 왜놈을
때려 죽였을
뿐이오.

인천 감옥에서도 김구에 대한 신문이 이어졌습니다.

당신들!

우, 우리 얼굴에
뭐라도 묻었느냐?

나 김창수는 한갓 미천한
백성일 뿐이지만, 국모
폐하의 원수를 갚기
위해 왜놈 한 놈이라도
죽였거늘.

당신들은 원수 갚을
생각은 하지 않고,
한낱 부귀영화만 쫓는
마음으로 임금을
섬긴단 말이오?

어, 이것 참! 죄수한테 훈계를 듣다니!

조목조목 옳은 말만 하니, 반박도 못 하겠네.

창수 말을 들으니 부끄럽기 짝이 없네요.

이놈!

뭐, 뭐야!

이 개만도 못한 왜놈아! 너희는 어찌하여 감히 우리 국모를 살해하였느냐!

내가 귀신이 되어서라도 맹세코 왜놈들의 씨를 말려 이 치욕을 씻고 말 것이다.

저, 저런 짐승 같은 놈을 봤나!

이거 누가 누구를 신문하는지 모르겠구먼.

큭큭, 순사 놈을 혼내 주니 속이 다 후련하네.

뭐? 창수 자네 글도 아는가?

당연하지. 우리 창수 선생님이 모르는 게 어딨어?

이럴 게 아니라, 창수 자네가 나 글 좀 가르쳐 주면 안 되겠나?

그럽시다. 글을 익혀 두면 억울한 일도 줄어들 것이오.

정말?

나도 좀 같이 배우세.

나이 50 먹도록 내 이름도 모르는 까막눈이라네.

인천 감옥에서는 글 읽는 소리가 끊이지 않았습니다. '김창수가 들어간 후로 인천 감옥이 학교가 되었다.'는 기사가 신문에 실릴 정도였어요.

이건 '기역'이라고 읽습니다.

이게 낫이지 왜 기역이야?

떼끼, 선생님이 그렇다면 그런 거지!

그러던 어느 날, 청천벽력 같은 소식이 전해졌습니다.

그동안 창수 선생님한테 배운 글을 한번 뽐내 볼까!

낫 놓고 기역 자도 모르는 놈이 무슨 신문을 읽어!

탁!

내가 읽어 주지.

그, 그래! 우등생인 자네가 한번 읽어 봐.

살인을 저지른 이 아무개, 강도를 저지른 강 아무개, 그리고 살인강도를 저지른 김창수….

응? 김창수?

워낙 유명하니까 신문에 날 만도 하지.

창수, 자네 이름이 신문에 났네.

밖에서 살아 만날 줄 알았더니, 이게 무슨 날벼락인가!

나는 나라를 위해 왜놈을 죽였을 뿐, 부끄러운 일을 하지 않았으니, 죽어도 부끄러울 게 없습니다.

시간은 무심한 듯 흘러, 사형 집행일이 되었습니다.

덜컹

김창수! 김창수는 어느 방에 있소?

마침내 때가 되었구나.

김창수! 어디 있냐니까?

이를 어째.

하늘도 무심하시지.

여기 있소!

창수, 이쪽으로 와 보시오.

살았소, 살았어!

임금께서 사형을 중지하라는 명령을 내리셨소.

그게 정말입니까?

잘됐네, 잘됐어.

하늘이 도우신 게야.

사형은 면했지만, 일본의 방해로 김구는
석방되지 못했습니다.

이렇게 감옥에 갇혀
있다 죽는다면 왜놈들만
좋은 일 시키는 거
아닌가?

그래, 왜놈들
좋은 일을 시킬
수는 없지.

1898년 3월

창수야, 저녁밥이다.

…

오늘 밤에 감옥을 나갈 것이니, 어머니는 배를 타고 고향으로 돌아가 계십시오.

….

김구는 간수에게 돈을 주어 술과 고기를 사 달라고 부탁했습니다.

창수가 한턱내는 것이니, 맛있게들 먹어!

오늘 고기가 유난히 부드럽네.

그럼, 누가 산 고기인데.

이런 날 노래가 빠질 수 없지. 내가 노래 한 곡 뽑겠네.

적당히들 놀다 자!

좋지.

얼씨구씨구 들어간다~

됐어!

헉! 언제 구멍까지!

소리 내지 말고 한 명씩
나가시오.

뒤쪽으로 가면 줄사다리를 매어 놓았으니,
그걸 잡고 담을 넘으시오.

알았네.

탈옥에 성공한 김구는 여기저기 떠돌며 방랑 생활을
하였는데, 이즈음 이름도 '창수'에서 '구'로 바꾸었습니다.
공주 마곡사로 가 머리를 깎고 스님이 되기도 하였고,
작은아버지의 농사일을 돕기도 하였어요. 훈장이 되어,
아이들을 가르치기도 했습니다.

이랴!

공자께서
말씀하시길….

나무아미타불
관세음보살!

슬픈 일도 있었습니다. 김구가 25살 되던 해인 1901년,
아버지가 돌아가셨어요.

내가 탈옥하는
바람에 옥살이까지
하셨는데….
이 불효를 어찌
씻는단 말인가!

아버지의 삼년상을 치르고, 김구는 최준례와
혼인했습니다.

조선의 외교권을
일본이 갖는다고?

1905년, 러일전쟁에서 승리한 일본은 조선과
을사늑약을 맺어 외교권을 박탈하고 노골적으로
조선 침략의 욕심을 드러냈습니다.

얼른 서명하시오!

김구는 서울로 가 을사늑약에 반대하는 대회에
참석하고, 종로에서 가두 연설에 나섰습니다.

외교권을 박탈하는
을사늑약 철회하라!

동포 여러분! 양반도
깨어나고, 상놈도
깨어나십시오!

일본이 우리의 주권을
빼앗았습니다.

남의 집에 멋대로 들어와 닭과
달걀을 훔쳐 가는 도둑놈들을
어찌해야 되겠습니까, 여러분!

일본을 몰아내자!

1910년, 결국 일본은 우리나라의 통치권을 강제로 빼앗고 식민 지배를 시작했습니다.

조선은 모든 통치권을 완전히, 그리고 영원히 일본에게 넘겨준다!

그해 12월, 안중근의 사촌인 안명근이 독립운동 자금을 모으다 체포되었습니다.

이놈 사촌형이 안중근이라며?

작년에 하얼빈역에서 이토 히로부미 통감을 쏘아 죽인 안중근 말이야?

이거 가만두면 안 되겠어.

일본은 독립운동가들을 탄압하기 위해 데라우치 총독 암살 미수 사건이 일어났다고 허위로 조작하여 수많은 독립운동가를 잡아들이고 고문했습니다.

이 사건에 관련되어 그 이듬해인 1911년에 김구도 체포되었습니다.

1900~1910년의 항일 운동

일본이 조선을 보호한다는 명목으로 체결한 을사늑약은 사실 우리나라의 외교권을 박탈하여 식민지화하기 위한 것이었어요. 이를 안 조선 사람들은 일본에 거세게 저항했지요. 일본에 대항하여 어떤 활동을 펼쳤는지 알아볼까요?

을사늑약 반대 운동

1905년 11월, 을사늑약이 체결되자마자 각 지역에서 을사늑약 반대 운동이 일어났어요. 황성신문 사장 장지연은 '시일야방성대곡'이라는 글로 을사늑약의 부당함을 비난했고, 전국의 유생들은 을사늑약을 폐기하고 을사늑약에 찬성한 관료들인 을사오적을 처단하라는 상소를 올렸어요. 민영환, 조병세와 같은 원로대신은 저항 의지를 적극적으로 알리기 위해 스스로 목숨을 끊기도 했지요. 학생들은 휴학하고 상인들은 가게 문을 닫아 을사늑약 반대 운동에 동참했어요.
보다 적극적으로 나선 사람들도 있어요. 나인영, 오기호가 을사오적 암살을 시도했지만 실패했어요. 또한 전국 각지에서 의병이 일어나 항일투쟁을 벌였어요.

언론 계몽 운동

을사늑약의 부당함을 알렸던 언론들은 이후 언론 계몽 운동을 펼쳤어요. '시일야방성대곡'으로 한때 신문 발행이 금지되었던 〈황성신문〉뿐 아니라 〈대한매일신보〉, 〈제국신문〉, 〈대한민보〉 등 여러 신문이 일본의 부당함을 알리고 사람들에게 애국심을 심어 주었지요. 특히 〈대한매일신보〉는 영국인을 사장으로 앞세워 적극적이고 과감하게 일본을 비판했어요.

대한매일신보 창간호 ⓒ국립중앙도서관

다양한 단체의 등장

항일 운동을 위한 다양한 단체 역시 등장했어요. 보안회는 한반도의 황무지를 멋대로 개간하겠다는 일본에 강력하게 반대하여 결국 황무지 개간 이야기는 철회됐어요. 대한자강회는 고종의 강제 퇴위를 반대하는 한편, 산업과 교육을 통해 나라의 힘을 키우고자 했지요.

안창호, 양기탁 같은 지식인이 모여 만든 비밀 결사 단체 신민회는 인재 양성을 위해 대성학교와 오산학교를 세우고, 회사를 세워 운영하며 일본의 경제 침략을 막고자 했어요. 또한 이회영과 이동녕 등이 만주에 신흥무관학교를 세워 독립군을 키웠습니다.

국채 보상 운동

일본은 조선을 경제적으로 예속시키기 위해 강제로 빚을 떠안겼어요. 이러저러한 이유로 쌓인 빚은 어느새 1,300만 원이 되었지요.

나랏빚이 갚지 못할 지경에 이르자, 당시 출판회사인 대구 광문사의 부사장이었던 서상돈이 담배를 끊고 담배 살 돈을 모아 국채를 갚자고 주장해요. 이렇게 시작된 것이 바로 1907년에 있었던 국채 보상 운동이에요.

대구에서 시작된 국채 보상 운동은 〈대한매일신보〉, 〈황성신문〉 등의 보도로 전국적으로 퍼져 나갔어요. 사람들은 금연, 금주뿐 아니라 갖고 있던 패물을 팔아 돈을 모았지요. 고종도 이 소식을 듣고 담배를 끊었다고 해요. 하지만 국민이 자발적으로 참여했던 국채 보상 운동은 안타깝게도 일본의 방해로 실패하고 말았어요.

독립협회

일찍이 독립을 위해서는 나라가 힘을 키워야 한다고 생각한 단체가 있어요. 바로 1896년, 서재필, 윤치호 등이 만든 독립협회예요. 미국에서 공부하다 귀국한 서재필 (1864~1951)은 일본에 독립하려면 국민을 가르치는 게 중요하다고 생각했어요. 이를 위해 〈독립신문〉을 발간하고, 토론회, 연설회 등을 열었지요.

또한 독립협회는 우리나라 독립은 선언하기 위해 조선이 중국 사신을 맞이하던 영은문을 헐고, 그 자리에 독립문을 세웠어요. 1898년에는 만민공동회를 열고 고종에게 나라를 위한 여섯 가지 개혁안을 제시하기도 했지요.

이처럼 나라의 독립을 위해 노력했던 독립협회는 1898년 고종의 명령으로 강제로 해산되었어요.

서재필 ©wikipedia

4 ✿ 임시정부의 기둥

김구는 강도 사건으로 15년, 보안 사건으로 2년 형을 받으며
총 17년형을 선고 받고 1911년 서대문 형무소로 이감되었습니다.

어머니, 17년 옥살이를
하고 풀려나면 50이
넘는데, 살아서
감옥을 나갈 수 있을지
모르겠습니다.

고개 들어라.
나는 네가 경기
감사가 된 것보다
더 기쁘다.

네?

너는 내 아들일 뿐만 아니라
이 나라의 아들이다. 감옥
안에 있든 밖에 있든,
이 어미는 네가 자랑스럽다.

어머니 말씀대로
이 나라의
아들임을 잊지
않겠습니다.

반드시 빼앗긴 나라를
되찾아, 어머니께
못한 효도, 이 나라와
백성들에게 백배 천배로
하겠습니다.

그래,
내 아들.

나라를 위해 할 수 있는 일이 뭐가 있을까?

그래, 일단 이름부터 바꾸자.

여보시게, 오늘부터 나는 이름을 바꾸겠소!

느닷없이 이름은 왜?

오늘부터 나는 김구요.

김구?

예끼 이 사람! 김구가 김구로 이름을 바꾼다고? 그게 말이야 된장이야?

지금까지는 거북 구자를 써서 김구이고, 오늘부터는 아홉 구를 써서 김구요.

바꾼 것도 같고, 아닌 것도 같고….

그리고 호는 백범으로 정했소.

백범이라면 하얀 호랑이라는 뜻인가?

아니오. 천한 백정과 평범한 범부에서 한 글자씩 따온 것이오.

나라를 되찾으려면 백정과 범부들도 투철한 애국심을 가져야 한다는 뜻에서 그리 지었소.

김구는 감옥 안에서도 나라 걱정만 하는구먼.

대청소 시간이야! 빨리빨리 나와!

감옥에서 나가기 전에 나라를 위해 할 수 있는 일이 뭔지 생각해 두자.

김구, 자네는 저쪽 창문 좀 닦아!

언젠가 우리나라에 정부가 세워졌을 때, 정부 청사의 마당도 쓸고, 창문 닦는 일도 해 보았으면….

1914년 7월, 제1차세계대전이 일어났습니다. 제1차세계대전은 강대국들이 서로 식민지를 차지하기 위해 벌인 제국주의 전쟁이었어요.

우리의 목표는 아시아 전역이다! 그러기 위해서는 조선을 더 억압해 찍소리 못 하게 만들어라!

조선을 식민지로 삼은 일본은 식민지를 더 넓히기 위해 전쟁에 참여했습니다.

들어가! 조선 놈들은 말을 들어 처먹지 않는다니까!

?

우리가 왜 왜놈들 말을 들어야 한단 말이냐!

뭐, 뭣이?

으으!

네놈들이 내 생명은 빼앗을 수 있을지라도 정신까지 빼앗지 못한다!

감히 대일본 제국에 대들어!

제1차세계대전이 일어나던 그해, 여러 번 감형이 되면서 형기 2년이 채 남지 않은 김구는 인천 감옥으로 이감되었습니다.

죄질 나쁜 녀석들만 여기로 보내면 어쩌라는 거야?

16년 전 탈옥했던 인천 감옥으로 다시 오게 될 줄이야.

분명 서대문 감옥에서 왜놈과 싸운 일 때문에 이곳으로 보낸 거야.

코낭

여기에서는 얌전히 지내!

김구는 인천에서 항구 공사에 동원되어 호된 노동에 시달려야 했습니다.

놀러 왔어? 빨리빨리 해!

끙

나라 찾는 그날을 위해서라면 오늘의 고통은 얼마든지 참을 수 있어!

인천으로 이감된 김구는 다음 해인 1915년 8월,
40세 되던 해에 가석방으로 풀려났습니다.

흐음,
얼마 만에
마셔 보는
바깥공기인가!

하지만 바깥세상은 창살 없는 감옥이나 다름없었습니다.

오늘 아침은
뭘 먹었나?

우리 아버지
생신이라
미역국에… 응?

너희 지금 무슨
얘기 했어?

별 얘기 아니오.
아침에 먹은 반찬….

일본의 무단 통치 아래, 우리 국민들의 자유와
권리는 송두리째 짓밟히고 있었어요.

끌고 가!

조금이라도
허튼짓하는 조선인들은
모조리 잡아들여!

거짓말 마. 또 독립운동
하려고 모의하고 있었지?

1919년 4월 11일, 3·1운동 이후 좀 더 조직적인 항일 운동을 하기 위해 중국 상하이에 대한민국임시정부가 수립되었습니다.

더 이상 조국 땅에서는 독립운동이 어려워! 상하이로 가자!

정부의 문지기가 되어, 청사의 마당도 쓸고, 창문도 닦고 싶습니다.

그러지 말고 경무국장이 되어 대한의 독립을 위해 앞장서 주세요.

상하이에 도착한 김구는 임시정부를 찾아갔습니다.

우리 임무는 정부와 정부 요인들을 안전하게 지키는 것이다.

청사 주변에 쥐새끼 한 마리 얼씬 못할 만큼 경계를 빈틈없이 하도록!

알겠습니다, 경무국장님!

경무국장님, 이자가
내무총장님 뒤를 밟고
있었습니다.

뭣이?

네 이놈! 무슨
꿍꿍이냐?

사, 살려
주십시오.

임시정부 요인의
뒤를 캐 오면
일본 영사관에서
돈을 준다고 해서
그만….

뭣이 어쩌고 어째!

돈에 눈이 멀어
일본의 *밀정
노릇을 한단
말이냐!

목숨 내놓고
독립운동하는 동지들을
일본에 팔아먹어!

죽을죄를 지었습니다.
한 번만 살려 주십시오.

경무국장으로 일하는 동안, 김구는 임시정부의
든든한 버팀목이 되어 주었습니다.

* **밀정** 남몰래 사정을 살피는 사람. 주로 일본 식민지 시절 일본의 앞잡이가 되어 독립지사들의 상황을 염탐하던 사람을 가리킴

공평하게 나누고, 모두가 함께 잘살자는데 공산주의가 뭐가 나쁘다는 겁니까?

많이 벌면 많이 갖는 게 당연합니다. 그게 바로 자유 민주주의이지요.

하지만 임시정부는 때아닌 사상 논쟁을 겪으며 내분을 겪어야 했습니다.

공산주의는 절대 받아들일 수 없습니다!

뭣이 어쩌고 어째!

그럼 우리는 임시정부를 나가 무장 투쟁을 벌이겠소!

옳소! 우리는 이러려고 임시정부를 찾아온 게 아니오.

흥! 마음대로 하시오.

한편이 되어 일본과 맞서도 힘들 판에, 우리끼리 갈라지면 어떡하자는 겁니까.

김 동지, 저자들이 우리 생각을 받아들여 주지 않으니 어쩔 수 없습니다.

사상이 다른 독립운동가들은 제 갈 길을 찾아 임시정부를 떠났습니다.

저도 고국으로 돌아가야 할 것 같습니다.

그게 무슨 소리입니까?

아버님이 편찮으셔서 장남인 제가 돌아가 농사를 거들지 않으면….

저는 결혼하라는 부모님 성화 때문에….

이렇게 하나둘 떠나고, 한때 천여 명에 달하던 임시정부에는 고작 수십 명밖에 남지 않습니다.

김 선생이 수장이 되어, 위기에 빠진 임시정부를 이끌어 주시오.

아니, 저 같은 미천한 자가 수장이라니요?

이대로 가다간 무너지고 말 것이오. 이 위기에서 임시정부를 구할 사람은 당신밖에 없소.

흐음.

김구는 경무국장에서 내무총장, 그리고 1926년에는 임시정부의 최고 수령인 국무령에 올랐습니다.

지금 임시정부는 위기에 빠졌지만, 한탄하고 있을 시간이 없습니다. 이럴 때일수록 힘을 합쳐 왜놈들을 몰아내고 나라의 독립을 되찾….

선생님!

응?

선생님, 큰일 났습니다. 본토에서 보내오던 독립 자금이 들어오지 않습니다.

그게 무슨 소리요?

일본의 통제가 심해 돈을 보낼 수 없답니다.

지난달 청사 월세도 밀렸는데….

고개 드시오. 한숨 쉰다고 해결책이 생기지는 않습니다.

타국 땅에서 독립운동을 한다는 게 쉬울 리 있겠습니까?

김구는 해외에 사는 동포들에게 독립 자금을 지원해 달라고 일일이 손편지를 썼습니다.

우리 마음을 해외 동포들에게 전합시다.

이걸 미국으로 보낼 수 있도록 영어로 번역해 주시오.

1924년 아내 최준례가 세상을 떠나고 그다음 해에 어머니와 자식들마저 고국으로 돌아가자 김구는 낯선 땅에서 철저히 혼자가 되었습니다

장차 아이들이 자라면 아버지가 무슨 일을 했는지도 모를 거 아닌가?

그래, 독립운동의 역사를 기록으로 남겨, 훗날 아이들이 볼 수 있도록 하자.

김구는 그동안 겪었던 독립운동과 자신의 이야기를 기록으로 남겼습니다.

인, 신 두 어린 아들에게!

아버지는 너희가 있는 고향에서 멀리 떨어진 머나먼 나라에서 이 글을 쓰고 있다.

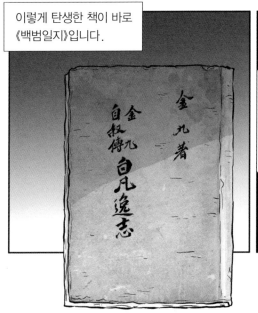

이렇게 탄생한 책이 바로 《백범일지》입니다.

金九著
金九
自叙傳 白凡逸志

이대로 주저앉을 수는 없어. 피 끓는 사람들을 모아 의거를 일으켜서 일본 놈들을 깜짝 놀라게 해 줘야 해.

1930년, 한 청년이 사무실로 찾아왔어요.

?

당신들은 독립운동을 한다면서 왜 일본 천황을 죽이지 않는 것입니까?

내가 도쿄에서 천황이 지나가는 것을 보았는데,

그때 내 손에 폭탄 하나만 있었으면 분명 죽일 수 있었소.

저 사람 누구야?

이봉창이라는 자인데…, 혹시 밀정 아닐까?

나랑 얘기 좀 합시다.

?

그로부터 1년이 지난 1931년 12월 중순, 김구는 폭탄 두 개를 준비해 이봉창에게 주었어요.

1932년 1월, 이봉창 의사는 일본 천황을 향해 폭탄을 던졌습니다. 비록 천황을 죽이는 데는 실패했지만, 이봉창 의사의 의거로 조선 사람이 일제에 굴복하지 않았다는 걸 전 세계에 알릴 수 있었어요.

선생님, 드디어 때가 되었습니다.

흐음….

아무리 나라를 되찾기 위한 일이라지만 젊디젊은 자네를 사지로 내몰다니….

선생님! 제가 선택한 길입니다. 부디 웃으면서 보내 주십시오.

아참.

제 시계는 새것인데, 선생님의 낡은 시계랑 바꾸시지요.

그게 무슨 소리인가? 좋은 시계를 자네가 차야지.

저는 앞으로 한 시간밖에 못 쓰는데, 선생님께서 좋은 시계를 차야지요.

....

나중에 지하에서 만나세.

영웅 윤봉길이 떠나는구나.

윤봉길, 상하이 훙커우 공원에서
일본인 향해 폭탄 투척

일본 상하이 파견군 사령관 시라카와,
일본 거류민단장 가와바타 사망

중국의 백만대군이 해내지 못한 일을
한국의 청년이 해냈다!

윤봉길의 의거로, 주동자 김구를 체포하기
위해 일본의 대대적인 수색이 시작되었습니다.

빨리 몸을 피하셔야
합니다!

이렇게 많은
현상금이….

60만 원이면
도대체 기와집이
몇 채야?

김구가 미국인 피치 목사의 집으로 피신해 지내던 어느 날이었습니다.

선생님, 주변에 정탐꾼들이 쫙 깔렸어요.

아무래도 거처를 옮기는 게 좋을 것 같습니다.

사방에 정탐꾼인데 무슨 수로 빠져나간담?

이러면 어떨까요?

···.

김구는 피치 목사 부인과 부부인 척 위장하고, 피치 목사가 운전하는 자동차를 탄 채 상하이를 빠져나갔습니다.

수상한 차다! 멈춰라!

부우우웅··

대한민국임시정부

1910년 한일병탄 이후 우리나라 사람들은 잃어버린 나라를 되찾기 위해 끊임없이 일본에 저항했어요. 그러던 중 정부의 필요성을 깨닫게 되지요. 대한민국임시정부가 어떻게 탄생하고 어떤 길을 걸어 왔는지 알아볼까요?

대한민국임시정부(1921년) ⓒwikipedia

임시정부 통합 과정

3·1 운동 이후, 사람들은 독립운동을 조직적이고 체계적으로 이끄는 방법이 필요하다고 깨달았어요. 그래서 몇몇 사람들이 임시정부를 세웠지요. 문제는 여러 임시정부가 세워졌다는 거예요. 국내에 한성임시정부, 블라디보스토크에 대한국민의회, 상하이에 상하이임시정부 등 많은 정부가 세워졌습니다.

여러 정부가 있으면 독립운동이 제대로 이루어지지 않을 거라 판단한 사람들은 대한민국 각 도 대표가 모여 만든 한성임시정부를 계승하되, 위치는 상하이에 둔 통합 임시정부를 만들기로 했어요. 상하이는 외국인이 많이 살아 외교 활동을 하기에 적합했고, 외국인들의 치외법권을 인정하는 '조계지'라는 지역이 있었거든요. 특히 프랑스 조계지는 일본 경찰들이 들어올 수 없었지요.

임시정부의 주요 활동

대한민국임시정부의 초대 대통령은 한성임시정부를 만들었던 이승만이, 국무총리는 대한국민 의회를 만들었던 이동휘가 맡았어요. 임시정부는 지금처럼 입법, 행정, 사법이 나뉘어 있는 우리나라 최초의 민주 공화정이었어요.

해외에 있는 임시정부는 연락망을 만드는 게 급선무였어요. 이를 위해 만든 것이 연통제와 교통국이에요. 이 둘을 통해 국내 각 지역에 사람을 보내 독립운동 명령을 전달하거나 독립운동 자금을 모으는 한편, 국내 정보를 수집했어요.

또한 신문을 발간하여 전 세계에 우리나라가 처한 상황을 알리고자 했어요. 이 신문은 독립협회가 발간했던 신문 이름을 이어받아 독립신문으로 정했어요. 1919년 세계 질서를 새로 세우기 위해 프랑스 파리에서 열린 파리 강화 회의에 대한민국 대표로 김규식을 보내 독립 청원서를 제출했어요. 이를 통해 우리나라의 독립 의지를 알리고자 했지요. 안타깝게도 제1차세계대전 승전국이었던 일본의 반대로 한국의 문제는 파리 강화 회의의 안전으로 올라가지 못했습니다.

김구의 임시정부 활동

임시정부는 독립운동 방식을 두고 갈등을 겪었어요. 외교 활동에 중점을 두자는 사람들과 무장 투쟁을 해야 한다는 사람들로 나뉘었지요. 위기에 빠진 임시정부를 수습한 것이 바로 김구였어요. 1926년 김구가 국무령에 취임한 뒤 임시정부는 더욱 적극적인 독립운동을 펼쳤어요. 한인애국단을 조직해 이봉창, 안중근 등과 함께 의열 투쟁을 벌였지요. 이 일로 전 세계에 임시정부의 존재가 알려지는 한편, 한인애국단 청년인 윤봉길의 의거에 감탄한 중국국민당 지도자 장제스에게 여러모로 지원받게 되었어요. 김구는 장제스와 논의해 중국의 군관 학교로 한국 청년들을 보내 군관 교육을 받게 했어요. 1940년에는 한국광복군을 창설하여 본격적으로 일본과의 전쟁을 준비했지요.

한인애국단과 한국광복군

한인애국단은 일본의 주요 인물을 암살하기 위해 1931년에 김구가 청년들을 모아 만든 단체예요. 한인애국단의 대표적인 인물로는 이봉창과 윤봉길이 있어요. 이봉창은 1932년 일왕에게 폭탄을 던졌으나 실패했고, 같은 해 윤봉길은 상하이 훙커우(홍구) 공원에서 열린 일왕의 생일 행사장에 폭탄을 던져 일본군 주요 인물들을 처치했어요.

한국광복군은 1940년에 만든 임시정부의 독립군이에요. 임시정부는 1941년 일본에 선전포고하고 전쟁을 준비했어요. 실제로 미국과 공동 작전을 계획했으나, 1945년 일본이 항복하는 바람에 무산되고 말았지요.

한인애국단 본부에서 선서하는 윤봉길 ⓒwikipedia

5 ❀ 광복을 위해 몸을 불사르다

김구는 상하이에서 자동차로 두시간 거리인 중국 저장성 동북부의 도시,
자싱(가흥)으로 피신했습니다. 자싱은 주변에 드넓은 호수가 펼쳐진 물의 도시였어요.

중국인 추푸청
선생님이 마련해
주셨습니다.

이렇게 은신처까지
마련해 주시다니!

일본은 한국뿐만 아니라
중국에게도 적이니, 힘을
합쳐 함께 물리쳐야 한다고
말씀하셨습니다.

혹시 무슨 일 생기면 여기
비상 탈출구를 이용해
도망치세요.

호숫가에
지어진 집이라
내려가면 바로
배를 탈 수
있습니다.

김구는 일본의 감시를 피하기 위해, 뱃사공 주아이바오의
배를 타고 대부분의 시간을 물 위에서 보냈어요.

나라를 빼앗기고
떠도는 신세라, 이
아름다운 풍경도 눈에
들어오지 않는구나.

오늘은 집에 가서
잘 수 있겠소?

펄럭

···

오늘은 배 위에서
주무셔야 할 것
같습니다.

붉은 고추가 걸려 있으면 안전하다는
신호였고, 검은색 적삼이 걸려 있으면
위험하다는 신호였어요.

후~

어제는 강변에서 자고,
오늘은 호수에서 자고···.
땅을 밟아 본 게
언제란 말인가!

그러던 어느 날, 무료했던 김구는 육지로 올라가 광장 근처에서 훈련하는 군인들을 구경하게 되었습니다.

앞으로 가!

척 척 척

우리나라도 군인을 양성하면 일본놈들을 물리칠 수 있을 텐데….

삐이익

당신 누구야?

어떡하지? 중국말을 모르는데….

나는 과, 광둥 사람이오.

광둥 사람? 그건 광둥 말이 아닌데.

수상한 자다. 끌고 가라!

광둥 사람 행세를 하던 김구는 군인들에게 끌려가 추푸청의 도움으로 겨우 풀려날 수 있었습니다.

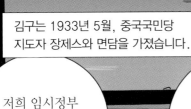

김구는 1933년 5월, 중국국민당 지도자 장제스와 면담을 가졌습니다.

저희 임시정부 면담에 응해 주셔서 감사합니다.

이렇게 조선의 독립운동 지도자를 만나게 되어 반갑습니다.

중국말이 서툴렀던 김구는 종이에 글을 써서 대화를 나누었어요.

임시정부에 돈을 지원해 주면 2년 내에 대폭동을 일으켜 일본의 대륙 침략의 다리를 파괴할 것입니다.

흐음….

천황을 죽이면 또 천황이 나올 것이고, 대장을 죽이면 또 대장이 나올 것 아니겠습니까?

군인을 양성하면 어떻겠습니까?

과연!

그것이 정녕 제가 바라는 바입니다.

이듬해인 1934년, 중국 중앙 육군 군관 학교 낙양 분교에 한인특별반이 설치되어 군인 양성을 시작했습니다.

엎드려 쏴!

제가 오늘 모이자고 한 건 임시정부 국무위원을 뽑기 위해서입니다.

옳습니다. 빨리 조직을 갖추지 않으면 임시정부가 무너질 수 있습니다.

거처를 잃고 피난길에 올랐던 임시정부는 1935년, 배 위에서 비상 회의를 열었습니다.

이동녕 선생께서 새로 국무위원이 되어 주시면 어떻겠습니까?

나도 그게 좋을 듯합니다.

그럼 오늘 새로 뽑은 세 명을 포함해 국무위원은 다섯 명이 되었습니다.

이제 국무회의를 열 수 있게 되었네요.

힘드시겠지만 앞으로도 김구 선생님이 임시정부를 잘 이끌어 주십시오.

1934년, 김구는 9년 만에 어머니와 두 아들을 만날 수 있게 되었습니다.

선생님, 어머님 생신상을 준비할까 해요.

고맙긴 합니다만, 지금 이런 시국에 생신상 차린다 하면 역정 내실 텐데….

걱정 마세요. 조용히 준비할 테니까요.

그럼 우리 돈을 조금씩 거둬 음식을 준비합시다.

선생님 어머님 생신인데 당연히 내야지요.

탁!

저도 보태겠습니다.

저도요.

근데, 어머님이 뭘 좋아하세요?

떡도 좀 하고
전이랑….

이리 내!

뭐 해? 돈 이리
달라니까.

네?

내가 내 입맛에
맞는 걸로 골라
사 먹을 테니,
돈을 달라고!

탁!

아니….

쾅

이곳 지리도 잘
모르실 텐데….

1938년 5월, 중국 창사의 남목청에서 독립운동 세력의 합당을 논의하기 위해 모임이 열렸습니다.

이번 기회에 흩어져 있는 독립운동 세력을 통합하는 게 어떻겠습니까?

김구 선생님 말씀이 옳습니다.

그럼 어떤 방식으로 통합할지 함께… 응?

응?

타!
헉!

돌연 회의장 안에 총성이 울려 퍼졌어요.

범인은 이운환이라는 사람이었어요. 이 사건으로 한 명이 숨지고, 김구를 포함한 세 명이 중상을 입었어요.

선생님, 정신 차리세요!

하지만 김구가 건강을 회복하자, 이번에는 어머니가 위독하다는 소식이 전해졌습니다.

할머니, 눈 좀 떠 보세요.

곧 아버지가 오실 거예요.

어머니!

저 왔습니다, 어머니!

어, 어서 독립을 이뤄서….

고, 고국으로 돌아가거든….

내 유골과… 애들 어미 유골을 가져다….

고향 땅에 무… 묻….

어머니가 돌아가신 해인 1939년 9월, 제2차세계대전이 일어났습니다. 일본이 독일, 이탈리아와 한편이 되어 영국, 프랑스, 미국 등을 중심으로 한 연합국 진영과 벌인 전쟁이었어요.

1940년 9월, 김구는 서둘러 한국광복군을 창설했습니다. 대한민국이 연합국 편에 서서 함께 싸워야, 나중에 독립이 되었을 때 그 지위를 인정 받을 수 있기 때문이었어요.

그러던 1940년 12월, 일본이 진주만 공습을 일으키며 태평양 전쟁이 시작되었습니다.

아니, 일본이 미국을 공격해?

잠자는 사자의 코털을 건드렸으니, 일본의 패망도 머지않았구나.

대한민국은 일본에 대하여 선전 포고를 한다!

* 이 장면의 태극기는 대한민국 임시의정원 태극기임

한국광복군은 미국 전략사무국(OSS)과 합작하여 비밀 훈련을 실시하였습니다.

우리 미국과 대한민국임시정부가 적 일본에 맞서 함께 비밀공작을 펼칩시다.

반드시 일본을 물리치겠소.

이제 우리 광복군을 미군 잠수함에 태우고 본토에 상륙해, 일본과 싸우는 일만 남았어.

1945년 8월, 김구가 한국 광복군 훈련을 지켜보기 위해 중국 시안에 머물 때였습니다.

광복군 훈련 상황은 어떻습니까?

곧 본토에 상륙해 서울을 탈환할 예정입니다.

따르릉

<백범일지>

김구는 항일 운동의 최전선에서 나라를 위해 자신이 겪은 일을 기록으로 남겼어요. 그것이 바로 훗날 우리에게 전해진 김구의 자서전, <백범일지>이지요. 김구는 <백범일지>를 통해 어떤 말을 전하고 싶었는지 알아볼까요?

백범 김구 ⓒwikipedia

두 아들에게 쓴 편지

<백범일지>는 상, 하 두 권으로 이루어져 있어요. 상권은 1929년에, 하권은 1943년에 쓰였지요. 그중 상권은 1929년 상하이 임시정부에서 유서 대신에 쓴 것으로, 김구는 어린 두 아들에게 자신이 겪은 일을 알리기 위해 편지처럼 써 내려갔어요.

상권은 크게 '우리 집과 내 어릴 적', '기구한 젊은 때', '방랑의 길', '민족에 내놓은 몸'으로 이루어져 있어요. 제목에서 알 수 있듯 김구의 어린 시절부터 상하이로 건너와 임시정부의 국무령이 되기까지 그가 겪었던 일들이 사실 위주로 담겨 있어요.

치열했던 독립운동의 기록

<백범일지> 하권은 임시정부가 충칭으로 옮겨 간 이후인 1943년에 쓰였어요. 아직 독립이 요원했던 때에 다른 사람들이 자신의 행적을 타산지석으로 삼기를 바라는 마음으로 작성했지요.

하권은 '3·1 운동의 상해', '기적장강만리풍'으로 구성되어 있어요. 3·1 운동 이후 임시정부가 수립되고 벌였던 다양한 독립운동에 대해 자세하게 쓰여 있어요. 또한 일본이 항복하고 임시정부 인사들이 귀국하고, 김구가 우리나라 곳곳을 둘러본 일도 기록되어 있지요. 이는 1945년에서 1946년 사이에 김구가 더 기록하여 담은 것으로 여겨져요.

<백범일지>의 의의

<백범일지>는 누구보다 독립운동에 앞장섰던 김구가 직접 보고 겪었던 일을 기록한 것이

기 때문에 김구의 생애뿐 아니라 우리
나라 독립운동의 역사를 잘 보여 주고
있어요. 물론 기억을 되살리며 쓴 것이
기 때문에 실제 사건과 내용이 맞지 않
는 부분이 있어요. 또한 사회주의자의
독립운동에 대해서는 적지 않았다는 까
닭으로 비판을 받기도 했지요.

〈백범일지〉는 독립운동을 연구하기 위
한 아주 중요한 자료로, 1997년 12월
우리나라 보물 제1245호로 지정되었어요.

백범 김구 기념관에 전시되어 있는 〈백범일지〉

여기서 잠깐

나의 소원

"네 소원이 무엇이냐?" 하고 하느님이 물으시면, 나는 서슴지 않고
"내 소원은 대한 독립이오." 하고 대답할 것이다.
"그다음 소원은 무엇이냐?" 하면, 나는 또
"우리나라의 독립이오." 할 것이요, 또,
"그다음 소원이 무엇이냐?" 하는 세 번째 물음에도, 나는 더욱 소리를 높여서,
"나의 소원은 우리나라 대한의 완전한 자주독립이오." 하고 대답할 것이다.
(중략)

위의 글은 〈백범일지〉 뒤에 실려 있는 '나의 소원'이라는 글의 일부예요. 광복 직후, 우리나라를 되찾았다는 기쁨을 누리
는 것도 잠시, 한반도는 또다시 불온한 기운에 휩싸였어요. 이념이 다른 미국과 소련이 우리나라를 남북으로 나누어 각
각 신탁통치를 하게 된 것이지요. 이에 나라가 나눠질 위기에 처하자, 김구는 외부의 힘에 휩쓸리지 말고, 우리가 한마음
한뜻을 모아 분단의 위기를 극복해야 한다고 호소하지요. 이를 위한 글이 바로 '나의 소원'이에요.
'나의 소원'은 '민족 국가', '정치 이념', '내가 원하는 우리 나라' 이렇게 세 단락으로 나뉘어 있어요. 이 글을 통해 김구는
우리나라가 자주독립을 이룬 자유로운 나라, 세계에서 가장 아름다운 나라가 되기를 꿈꾸었어요.

6 🌸 민족의 별이 되다

일본의 항복 소식에 중국 땅에서도 우리 동포들이 있는 곳이면 어디에서나 대한 독립 만세가 울려 퍼졌습니다.

대한 독립 만세!

선생님, 괜찮으십니까?

일본의 항복은 기쁨이 아니라 하늘이 무너지는 일일세.

대한 독립 만세!

1945년 8월

수년 동안 광복군을 훈련하며 전쟁 준비를 해 왔는데…. 모두 물거품이 되어 버렸어.

또한 우리가 이번 전쟁에 한 일이 없어 강대국들과의 협상에서 발언권이 약해질 텐데, 장차 이 일을 어찌하면 좋단 말인가!

….

대한 독립 만세!

서울에서 편지가 왔습니다.

서울에서…?

선생님, 왜 그러십니까?

쾅!

우려가 현실이 되었네.

지금 서울에는 미국이 세운 군 정부가 있으니, 임시정부 자격으로 귀국하는 것은 안 되고, 개인 자격으로만 허용된다는군.

아니, 뭐라고요?

그건 우리 임시정부를 인정하지 않겠다는 말 아닙니까?

김구가 이끄는 임시정부는 중국 충칭을 떠나 고국으로 돌아가기로 했습니다.

김구는 독립운동에 목숨을 바친 이봉창, 윤봉길, 백정기 의사의 유해를
*봉환하여 효창 공원에 모셨습니다.

이봉창 의사.

백정기 의사, 그리고
윤봉길 의사.

이제서야 고국으로
돌아왔구려.

저는 앞으로 한 시간밖에
쓸 데가 없는데,
선생님이 좋은 시계를
차셔야지요.

…

* 봉환 유해 따위를 받들어 모시고 돌아옴

한반도를 반으로
나눠서,

남쪽은 미국이

북쪽은 소련이

신탁통치를
하도록 합시다.

호외요, 호외!

신탁통치?

새로 나온 통닭
이름이야?

다른 나라가 우리나라를
대신 다스린다는
뜻이랍니다.

뭐?

지긋지긋한 식민 지배에서 막 벗어났는데 신탁통치라니….

김구는 신탁통치 반대 국민 총동원 위원회를 결성하여, 신탁통치 반대운동을 펼쳤습니다.

어느 누구도 우리를 대신하여 이 나라를 다스릴 수는 없습니다.

이 나라의 주인은 우리들입니다.

모두 일어나십시오! 신탁통치 반대는 제2의 독립운동입니다.

미국은 물러가라!

소련도 물러가라!

1947년 11월, UN 총회에서 UN 감시하의 남북한 총선거가 결정되었습니다.

남북한 총선거가 결정되면 하나의 정부가 세워진다고?

그럼 남과 북이 나뉠 염려도 없겠네?

그럼 잘된 거잖아!

당연하지.

우리 국민들이 그토록 원하던 통일 정부를 수립할 수 있겠구나.

뭐야? 총선거를 치르면 인구가 부족한 북쪽이 불리하잖아?

안 돼! 절대 받아들일 수 없어.

하지만 소련의 방해로 결국 남북한 총선거는 치르지 못했습니다.

통일 정부를
세울 수 있는
기회였는데….

유엔은 이듬해 2월에 다시 회의를 열어 가능한 지역만
선거를 치르기로 했습니다.

어째서 이런
일이….

가능한 지역만 선거를
치른다면….

남한만의 단독
정부 수립을
결정하였다는
의미일세.

남한만의 단독
정부를 세우면,
이 나라는 영원히
두 동강이 나고
말아.

선생님,
이 일을 어찌하면
좋습니까?

막아야지.

하지만 김일성과
소련이 방해하고
있으니….

나라가 두 동강 나는 걸
막으려면 북한을 설득하는
수밖에 없어.

네?

북한으로
가겠네.

남북 회담을 제안하는
편지이네. 북측에
전달하게.

선생님, 북으로 가시는
건 너무 위험….

머뭇거릴 시간
없어. 이대로
남한만의 총선거가
치러지면 분단을
막을 수 없어.

얼마 뒤 북측으로부터 회담을 수락한다는
회신이 왔어요.

북으로 가서
김일성과 담판을
지어야지.

선생님, 밖을 좀
보십시오.

1948년 4월 19일, 김구가 북한으로 가는 날

북한에 가는 건
안 됩니다.

공산주의자는
위험합니다.

여러분, 이대로 가다간
우리나라는 두 동강이
나고 말 것입니다.

제가 한평생
독립운동을 했던 것은,
반쪽짜리 독립을
위해서가 아닙니다.

안 됩니다!

절대 못 보내
드립니다.

선생님, 시위대가 워낙 완강해 빠져나갈 수가 없습니다.

이를 어쩐다….

그럴 바엔 싸우다 죽는 걸 택하겠다!

할 수 없지.

차를 경교장 뒤쪽에 대기시키게.

어떡하시려고요?

어떻게든 빠져나가야지.

지하실 쪽으로 비밀 통로가 있다는 건 눈치 못 챈 것 같습니다.

선생님, 이쪽이에요!

김구는 비서와 아들 김신을 데리고 함께 38선을 넘어 북한으로 갔습니다.

38선 넘어 남과 북이 자유롭게 오갈 수 있는 날이 오면 얼마나 좋을까요?

아들아, 그러기 위해서 위험을 무릅쓰고 북으로 가는 거 아니겠느냐.

평양에 도착한 김구는 북측에 그의 신념을 밝혔습니다.

조국이 없으면 민족이 없고,

민족이 없으면 정당과 이념이 무슨 소용이겠습니까?

어떻게든 조국 분열을 막아야 합니다.

김구는 김일성 등 북측 인사들과 회담을 갖고, 몇 가지 합의 사항을 이끌어냈습니다.

첫째, 소련이 제의한 바와 같이 우리 강토에서 외국군대 가 즉시 철거하는 것이 조선문제를 해결하는 유리한 방법

둘째, 남북정당사회단체지도자들은 우리 강토에서 외국 군대가 철퇴한 뒤에 내전이 발생할 수 없다는 것을 확인 한다

셋째, 외국군대가 철퇴한 이후 다음 연석회의에 참가한 모든 정당사회단체들은 공동명의로써 전조선정치회의를 소집하여 통일적 조선입법기관을 선거하여 통일적

넷째, 위의 사실에 의거하여 이 성명서에 서명한 모든 정당사회단체 들은 남조선단독선거의 결과를 결코 인정하지 않을 것이며 지지하 지도 않을 것이다.

하지만 김구가 남한으로 돌아온 뒤, 이 약속은 남과 북 어느 쪽에서도 지켜지지 않았습니다.

누구 좋으라고 이런 합의문을 지켜!

남한에서는 5월 10일, 남한만의 단독 선거가 치러졌습니다.

그리고 1948년 8월 15일, 이승만을 대통령으로 한 남한만의 정부가 수립되었습니다.

그리고 같은 해 9월 9일, 북한에도 정부가 들어서면서 김구가 우려했던 분단이 현실화되고 말았습니다.

김구는 안두희가 쏜 총에 맞아, 이유도 모른 채
생을 마감해야 했습니다.

나 안두희가
김구를 죽였다!

민족의 지도자였던 김구는 민족의 별이 되어
하늘로 떠났습니다.

해방 이후 한반도의 정세

해방 이후 우리나라는 극도로 혼란스러운 상태였어요. 일본군을 내쫓기 위해 미국과 소련이 한반도를 임의로 나누는가 하면, 우리나라 정부 수립을 돕겠다며 나섰지요. 이제 막 나라를 되찾은 우리나라 사람들은 이를 탐탁하게 여기지 않았어요. 어떤 일이 일어났는지 알아볼까요?

모스크바 3상 회의와 미소 신탁통치

1945년 12월, 제2차세계대전의 승전국인 영국과 미국, 소련의 대표는 한반도를 포함한 전후 문제를 처리하기 위해 모스크바에 모였어요. 이것이 바로 모스크바 3상 회의예요. 3국의 대표는 한반도에 미국과 소련이 공동위원회를 설치하고, 임시정부 수립을 돕기로 합의해요. 또한 최대 5년 동안 미국, 영국, 중국, 소련, 네 나라의 합의에 따라 미국과 소련이 신탁통치안을 최종 결정하기로 하였어요. 신탁통치란 혼란으로 스스로 다스릴 수 없는 나라를 다른 나라에서 일정 기간 대신 다스리는 것을 말해요.

신탁통치 반대 운동을 벌이는 군중 ©wikipedia

김구와 임시정부 세력의 반탁 운동

모스크바 3상 회의가 끝난 후, 우리나라에는 신탁통치에 대한 내용만 보도되었어요. 우리나라 사람한테 신탁통치는 다스리는 나라가 바뀔 뿐, 일제강점기와 다를 바 없는 조치였지요. 이에 김구와 임시정부 요인들을 비롯한 수많은 사람이 신탁통치를 반대하고 즉시 독립을 요구하며 신탁통치 반대 운동(반탁 운동)에 뛰어들었어요.

그러나 얼마 지나지 않아 공산주의자들이 신탁통치를 찬성하는 쪽으로 돌아섰어요. 모스크바 3상 회의에서 결정한 최종 목표는 우리나라의 임시정부 및 통일국가 수립이라는 소

련의 말에 신탁통치를 받아들이기로 한
거예요. 이를 찬탁 운동이라고 해요.
해방 직후에 반탁 운동을 벌이는 우익
세력과 찬탁 운동을 벌이는 좌익 세력
이 극심하게 대립했어요.

1945년 12월 김구와 임시정부 요인 귀국 기념 사진 ⓒwikipedia

통일 국가 건설을 위한 남북 협상

처음에는 통일 정부를 수립하려던 미국
은 남한만 단독 정부를 수립하는 것으
로 방향을 바꿨어요. 단독 정부가 들어서면 그대로 나라가 분단될 것이라 여긴 김구는 '삼
천만 동포에게 읍고함'이라는 글을 통해 단독 정부 수립을 강력하게 반대했어요. 더 나아
가서 김규식과 함께 북한의 김일성을 만나러 갔지요.
1948년 4월, 김구와 김일성은 평양에서 남북 연석회의를 열어 미군과 소련군이 물러날 것
을 요청하고, 단독 정부를 수립할 것을 결의해요. 김구는 서울로 돌아와 회의에서 결의한
내용을 담은 공동 성명을 발표했지요. 하지만 5월 10일 남한에서 총선거가 실시되고, 북
한 역시 단독 정부를 세우면서 남북 협상은 실패로 끝나고 말았어요.

여기서
잠깐

미소 공동 위원회

모스크바 3상 회의 이후, 우리나라의 정부 수립을 돕기 위해 미국과 소련
의 대표가 모여 위원회를 만들었어요. 그것이 바로 미소 공동 위원회예요.
미소 공동 위원회의 회의는 1946년부터 1947년까지 이어졌어요. 당시 미
국은 자본주의를, 소련은 공산주의를 따랐는데, 이념의 차이로부터 생긴
두 나라의 대립이 극심했어요. 그 때문에 미소 공동 위원회는 어떠한 합의
를 내지 못한 채 해산되고 말았지요.
미국은 결국 한반도의 정부 수립 문제를 국제연합의 회의 안건으로 올렸
고, 국제연합에서는 남북한이 총선거를 실시하라고 결정해요.

제2차 미소 공동 위원회 ⓒwikipedia

백범 김구 기념관

백범 김구 기념관은 백범 김구의 삶과 그의 뜻을 기리기 위해 2002년 서울 용산의 효창공원 안에 세운 곳이에요. 이곳에 가면 백범 김구의 생애뿐 아니라 격렬했던 독립운동의 역사를 한눈에 볼 수 있지요.

백범김구기념관 ©wikipedia

전시실은 2층으로 이루어져 있어요. 1층에는 국내에서의 활동을, 2층에는 3 · 1운동 이후의 활동을 훑어볼 수 있어요.

기념관에 들어가면 가장 먼저 김구 동상을 볼 수 있어요. 태극기 앞에 앉아 있는 김구의 동상을 지나면 김구의 생애를 한눈에 알 수 있는 연보와 영상실이 있어요. 영상실에서는 백범 김구 선생의 생애와 사상을 영상으로 담아 놓아서, 문화와 독립, 통일을 중요하게 여긴 김구의 생각을 볼 수 있지요.

김구 동상 ©백범 김구 기념관

1층 전시실은 크게 여섯 개의 공간으로 나뉘어 있어요. 그중 '가족의 헌신'이라는 공간은 김구뿐 아니라 함께 독립운동했던 김구의 어머니 곽낙원과 김구의 두 아들인 김인, 김신의 공을 기리고 있어요.

이 공간을 지나면 김구의 생애를 유년기, 동학 및 의병 활동, 치하포 의거, 교육 운동과 신민회 활동, 구국운동으로 나누어 전시해 놓았어요. 다양한 사진 자료와 영상을 통해 김구가 독립운동에 뛰어들기 전까지 겪었던 일들을 생생하게 살펴볼 수 있지요.

2층으로 올라가면 상하이 임시정부 당시 활동부터 충칭에 있었던 시기의 활약, 자주 통일 국가 수립을 위한 노력과 서거까지의 과정이 전시되어 있어요. 임시정부 시절 조직한 한인애국단과 한국 광복군에 대해서도 자세히 알아볼 수 있지요. 이곳에서 김구가 윤봉길과 맞바꾸었던 시계와 김구가 직접 쓴 백범일지도 살펴볼 수 있어요.

2층 전시실에 전시된 〈백범 일지〉 ⓒ백범 김구 기념관

'대한민국임시정부 이동 시기'라는 전시 공간 옆에는 자그마한 별도의 공간이 마련되어 있어요. 이곳에서는 창문 너머로 김구의 묘소가 한눈에 보이지요. '추모 공간'이라고 이름 붙여진 것처럼, 잠시 쉬어가며 우리나라를 위해 진심으로 애썼던 김구를 추모할 수 있어요. 백범 김구 기념관에서는 초등학생 대상의 체험학습도 실시하고 있어요. 김구와 우리나라 독립운동에 대해 자세히 알고 싶다면 홈페이지에 들어가 체험학습을 예약해 보세요.

여기서 잠깐 **효창공원**

백범 김구 기념관이 있는 효창공원은 서울 용산구에 있는 묘원으로, 원래는 조선 시대 정조의 장자인 문효세자가 잠들어 있어 '효창묘'라고 불렸던 곳이에요. 1944년에 왕실의 무덤을 이장하며 효창공원이 되었다가, 해방 후 독립유공자들의 쉼터가 되었지요.

백범 김구 기념관과 가까운 효창공원 북쪽에는 김구가 잠들어 있어요. 김구 외에도 세 의사의 묘와 임시정부 요인의 묘가 있어요. 세 의사는 한인애국단으로 활동한 이봉창, 윤봉길과 일왕 암살을 시도한 백정기를 가리켜요.

효창공원에 있는 김구의 묘 ⓒLawinc82

이곳에 잠들어 있는 임시정부 요인은 이동녕, 차이석, 조성환이에요. 안중근의 묘도 있지만 그 안은 비어 있는 상태예요. 효창공원 한쪽에는 의열사라는 작은 사당이 있어요. 이곳에는 김구와 세 의사, 임시정부 요인의 영정이 모셔져 있지요.

한국사 연표

선사 시대 및 연맹 왕국				삼국 시대	남북국 시대

| 약 70만 년 전 | 약 1만 년 전 | BC 2000년경 | BC 400년경 | 0 100 200 300 400 500 | 600 70 |

구석기 시대

신석기 시대

청동기 시대

철기 시대

BC 200년경~494
부여

BC 200~300년경
동예

BC 200~56
옥저

BC 37~668
고구려

주몽(고구려)

BC 18~660
백제

온조(백제)

BC 2333~BC 108
고조선

단군(고조선)

676
삼국 통일

BC 57~935
신라

박혁거세(신라)

42~562
가야

*BC : 기원전

후삼국 시대	고려 시대	조선 시대	대한 제국	일제 강점기	대한 민국

800 900 1000 1100 1200 1300 1400 1500 1600 1700 1800 1900 2000

발해 698~926

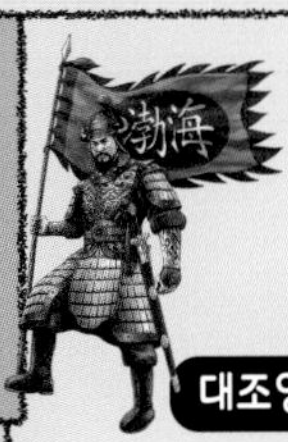

대조영(발해)

901~918 후고구려

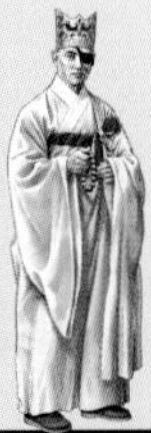

궁예(후고구려)

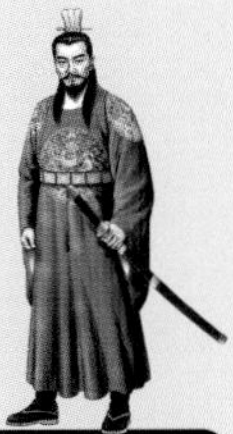

견훤(후백제)

900~936 후백제

918~1392
고려

왕건(고려)

1392~1910
조선

이성계(조선)

1897~1910 대한 제국

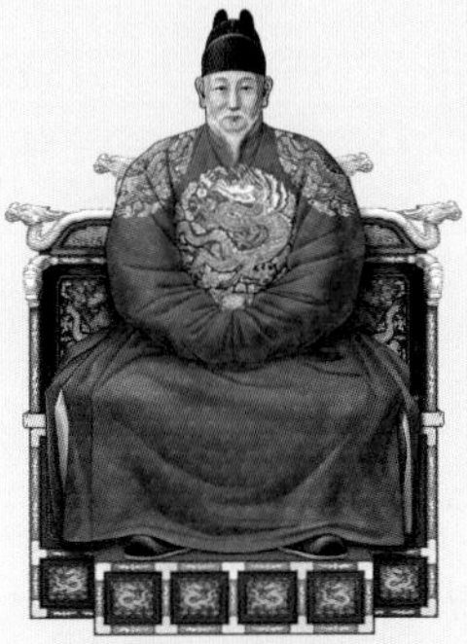

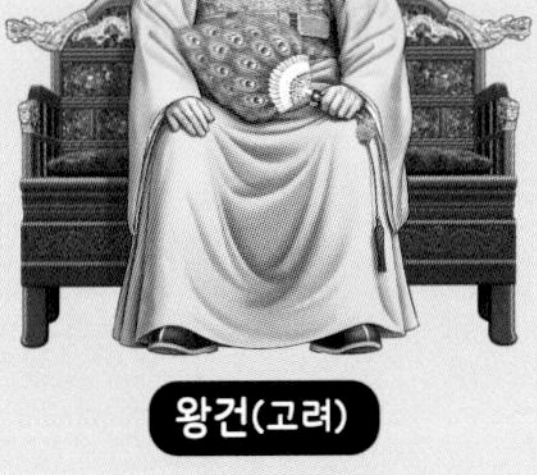

1910~1945 일제 강점기

1945~현재 대한민국

하루 한 장 **한국사**와 **국어** 실력 쌓기
만화로 만난 인물을 독해로 만나다!

who?

근현대사
독해 워크북

역사의 이해도를 넓히고 문해력을 키워 주는
근현대사 독해 워크북 특징!

1 **하루 15분 꾸준한 독해 활동을 도와줍니다.**

매일 1장씩 7일 동안 학습하면 성취감이 올라가고
자기 주도 학습 능력을 키울 수 있습니다.

2 **한국사 인물을 글과 문제로 깊이 이해합니다.**

만화로 알게 된 인물에 더욱 공감할 수 있고
역사적인 사실을 더 자세히 알 수 있습니다.

3 **다양한 형식의 글을 경험할 수 있습니다.**

일기, 편지, 강연록, 뉴스, 신문 사설, 광고문 등을 통해
문해력은 물론 국어의 모든 영역이 발달합니다.

김구

해냈다, 자랑스러운 대한민국의 청년!

1932년 4월 29일, 상하이 홍커우 공원에서 폭탄이 터져 일본군 주요 인사가 중상을 입는 사건이 벌어졌다. 당시 상하이 홍커우 공원에서는 일본에서 전승 기념 겸 일왕의 생일 기념식이 한창이었으며, 내로라하는 일본군 간부들이 참여한 것으로 확인되었다.

기념식장에 폭탄을 던진 것은 한인애국단 소속 윤봉길로, 그는 일본 주요 인사 •암살을 위해 이 같은 일을 단행했다고 한다. 폭발로 인해 일본군 간부 일곱 명이 즉사, 또는 중상을 입었으며 윤봉길은 그 자리에서 체포되었다.

이는 지난 1월 이봉창의 •의거 이후 대한민국이 이루어낸 쾌거다. 지난 1월 8일, 마찬가지로 한인애국단 소속인 이봉창을 도쿄 교외에서 관병식을 마치고 궁으로 돌아가는 일왕을 향해 수류탄을 던졌다. 다만 수류탄이 빗나가는 바람에 안타깝게도 일왕 암살은 실패했으며, 이봉창은 체포되어 현재 형무소에 수감된 상태이다.

이봉창과 윤봉길의 의거는 해외 각국에 독립을 향한 대한민국의 의지를 보여주는 계기가 되었다. 특히 중국에서 윤봉길의 의거를 두고 '2억 중국인이 하지 못하는 일을 한 사람 한국인이 해냈다.'며 격찬을 아끼지 않았다는 후문이 들려온다. 이번 일을 계기로 중국과 대한민국의 관계가 어떻게 바뀔지 주목된다.

한편, 한인애국단은 대한민국임시정부의 국무령인 김구가 1931년에 청년들을 모아 만든 독립운동 단체로, 일본의 주요 인물 암살을 목적으로 한다.

1 기사를 통해 알 수 있는 것을 모두 고르세요.

① 홍커우 공원에서 일왕 생일 기념식이 있었다.

② 한중일 주요 인사가 모두 일왕 생일 기념식에 참가했다.

③ 윤봉길이 일본 주요 인사 암살을 목적으로 폭탄을 던졌다.

④ 폭탄이 터지자, 윤봉길은 달아났다.

2 김구가 일본 주요 인물 암살을 목적으로 만든 독립운동 단체는 무엇인가요?

3 기사에 언급된 단체에 소속된 사람을 모두 고르세요.

① 곽낙원　　　　　　　　② 유관순

③ 윤봉길　　　　　　　　④ 이봉창

4 기사에 따르면 중국은 윤봉길의 의거를 두고 어떻게 평가했나요?

중국은 ＿＿＿＿＿＿＿＿＿＿＿＿＿＿＿＿＿＿＿＿＿ 고 평가했습니다.

✏️ **낱말 풀이**

● **암살** 몰래 사람을 죽임
● **의거** 정의를 위하여 개인이나 집단이 의로운 일을 도모함

주제 : 겨레의 큰 스승, 김구의 가르침

안녕하세요, 여러분. 역사학자 최다산입니다. 오늘은 우리나라의 독립은 물론 통일 국가 건설을 위해 힘쓴 김구의 발자취를 따라가 보려 합니다.

어린 시절, 동학 농민 운동과 의병 활동을 거치며 김구는 우리나라가 일본에 맞서기 위해서는 힘을 길러야 한다고 생각했어요. 그는 애국계몽운동에 뛰어들어 아이들을 가르쳤으며, 신민회에 가입하여 활동했지요.

3·1 운동 직후 중국으로 건너간 김구는 대한민국임시정부에서 독립운동을 이어 갑니다. 임시정부는 시간이 지나며 분열될 위기에 처했는데요. 1926년, 김구가 °국무령으로 선출되면서 임시정부의 단합을 위해 많은 노력을 기울이지요. 1931년에는 청년들을 모아 한인애국단을 조직합니다. 한인애국단은 일본 주요 인사의 암살 시도를 했는데요, 이봉창, 윤봉길 의사가 바로 한인애국단 소속입니다. 또한 한국광복군을 창설해 일본과의 전쟁을 준비했습니다.

우리나라는 일본의 항복으로 광복을 맞이하는데요. 광복 이후 강대국들은 우리나라의 정부 수립을 돕기 위해 °신탁통치를 결정했어요. 김구는 자주독립 국가 건설을 위해 신탁통치 반대 운동을 펼쳤습니다. 이후 남한만의 총선거가 결정되자, 이를 반대하며 통일 국가 수립을 위해 북한으로 건너가 남북 연석회의를 열지요. 이러한 노력에도 결국 남한과 북한에 각각 정부가 들어섰습니다.

어린이 여러분, 김구는 우리나라가 자유롭고 문화가 융성한 아름다운 나라가 되기를 바랐지요. 지금이 김구가 바라는 세상에 얼마나 가까워졌는지를 생각해 보며 오늘 이야기를 마칩니다.

1 다음 문장을 읽고, 빈칸에 들어갈 알맞은 말을 써 보세요.

김구는 일본에 맞서 싸울 힘을 키우려면 교육이 중요하다고 생각했어요. 이를 위해
아이들을 가르치며 _____ 을 벌였어요.

2 대한민국임시정부가 있던 곳을 고르세요.

① 서울   ② 부산
③ 상하이   ④ 도쿄

3 다음 중 한인애국단과 관련이 없는 사람을 고르세요

① 김구   ② 홍범도
③ 윤봉길   ④ 이봉창

4 다음 중 김구가 한 일을 모두 고르세요.

① 신탁통치 반대 운동을 벌였다.
② 남한만이라도 정부를 세워야 한다고 주장했다.
③ 국제연합에 우리나라 정부를 세워 달라고 요청했다.
④ 통일 국가 수립을 위해 북한 대표를 만났다.

✏️▷ **낱말 풀이**

● **국무령** 국무령제의 우두머리. 1926년 9월 대한민국임시정부에서 임시 대통령제를 폐지하고 국무령제를 채택함
● **신탁통치** 제2차 세계대전 후, 국제 연합의 위임을 받은 나라가 일정한 비자치 지역에서 통치하는 형태

내 아들 김구에게

간밤에 그 시린 곳에서 잠이나 잘 잤으려나 모르겠구나.

처음 네가 일본 순사들에게 영문도 모른 채 끌려갔다는 소식을 들었을 때는 가슴이 철렁하였다. 다만 후에 차차 생각해 보기로, 일본이 우리 민족의 정신을 꺾기 위해 가열하게 탄압하는 이때, 수많은 독립투사를 잡아들이면서 너 역시 끌고 갔다는 것은, 그만큼 네가 훌륭한 일을 하고 있기에 일본에서도 너를 주시하고 있던 것이 아니겠냐는 생각이 들더구나. 그리 생각하니 가슴이 이내 뿌듯해졌다. 일본은 아무래도 이 기회에 우리 자랑스러운 독립투사들을 ●일망타진할 셈인가 보다. 안명근이 무관학교 설립을 위해 모은 기부금이 일본의 손에 감쪽같이 데라우치 총독 암살을 위한 군자금으로 탈바꿈하였더구나. 그뿐만 아니라 조금이라도 관련이 있다면 모두 잡아들여, 일본 경찰에 끌려간 사람만 무려 160여 명에 이른다고 한다. 네가 속한 신민회 ●간부들 역시 대부분 잡혀간 탓에 신민회는 더 이상 독립을 위한 제구실을 할 수 없게 될 듯하다. 잡혀간 대부분의 사람들이 혹독하게 고문을 받았다는 이야기를 들었다. 같은 사람에게 어찌 그리 잔인할 수 있단 말이냐. 너 또한 모진 고문을 받았다지. 고통을 이기지 못하고 허위 진술을 한 이도 있다던데, 그 고통 속에서도 나라를 위해 허투루 입을 놀리지 않은 네가 자랑스럽다. 또 몸이 많이 상했을까 걱정이 되는구나. 조만간 안악에 있는 살림을 정리하고 너를 따라 서울로 올라갈 생각이다. 내 자식이 나라를 위해 제 몸 아끼지 않았는데, 어찌 나라고 가만있을 수 있겠느냐. 집안일일랑 걱정하지 말고 서대문 형무소에서 만나자꾸나.

1 다음 중 안명근에 대한 설명으로 알맞은 것을 모두 고르세요.

① 안명근은 안중근의 사촌이다.

② 안명근은 데라우치 총독을 암살하기 위해 군자금을 모았다.

③ 안명근은 무관학교 설립을 위해 사람들에게 기부금을 모았다.

④ 안명근은 김구와 같이 있다가 잡혔다.

2 1911년, 안명근을 잡아들인 일본은 안명근이 데라우치 총독을 암살하려 했다고 꾸며요. 그리고 이 일을 빌미로 많은 독립운동가들을 잡아들여, 105명이 유죄 판결을 받았지요. 해당 사건의 이름을 고르세요.

① 동학 농민 운동   ② 을미사변

③ 3 · 1 운동   ④ 105인 사건

3 편지 속의 사건으로 해체된 단체를 고르세요.

① 독립협회   ② 신간회

③ 신민회   ④ 대한민국임시정부

4 해당 사건으로 안악에서 붙잡힌 김구가 재판 후 이감된 곳은 어디인가요?

✏️▷ **낱말 풀이**

● **일망타진** 어떤 무리를 한꺼번에 모조리 다 잡음을 이르는 말
● **간부** 기관이나 조직체 따위의 중심이 되는 자리에서 책임을 맡거나 지도하는 사람

드디어 복수를 했다

　단발령이 해지되었다는 소식에 외국으로 나서려던 발길을 돌렸다. 국내 상황을 살펴본 뒤 어찌 행동할지 정할 참이었다. 고향으로 가던 중 치하포에서 마침 주막에 들린 것은 말 그대로 •천운이었다.

　뱃길이 막혀 주막은 사람들로 복작복작하였다. 내 몫의 밥상을 기다리던 차, 우연히 단발한 사람이 눈에 띄었다. 이름이며 복장까지 조선 사람인 척 꾸미고 있지만 말투가 어색한 것이 틀림없는 왜놈이었다. 게다가 흰 두루마기 밑으로 보이는 왜놈들의 기다란 칼! 이를 본 순간 뒷머리가 쭈뼛 서는 듯했다.

　보통 사람이면 왜 조선 사람인 척을 하겠는가. 필시 국모를 죽인 본인이거나 그 일당일 것이요, 아니더라도 우리나라에 해가 될 놈인 것이 분명했다. 저놈 한 명 없애는 것으로 우리 민족의 설움이 조금이나마 씻기는 것이다.

　결심이 선 즉시 나는 주변을 둘러보며 상황을 가늠했다. 무사히 완수할 수 있을지 걱정되었다. 그러나 '벼랑에 매달려서도 잡은 손을 놓을 수 있는 것이 장부'라는 스승님의 말씀을 떠올리자, 크나큰 용기가 샘솟았다.

　때를 기다린 나는 왜놈이 방심하는 틈을 타 그자의 배를 발로 차 넘어뜨렸다. 칼을 빼 들고 덤벼드는 놈의 공격을 피하며 칼을 빼앗아 무찌르니, 놈은 순식간에 고꾸라졌다. 왜놈의 손에 우리 국모를 잃은 일을 조금이나마 되갚아 준 것이다.

　비록 이로 인해 큰 •고초를 겪게 된다고 하더라도 조금도 후회는 없다. 오히려 누구든 했어야 마땅한 일을 내가 솔선하였다는 것이 자랑스럽다. 내 작은 복수로 인해 우리 국모와 우리 민족의 설움이 조금이라도 풀리기를 바랄 뿐이다.

1 단발령에 대한 설명으로 알맞은 것을 고르세요.

① 머리를 길게 길러야 한다는 법이었어요.

② 머리를 짧게 잘라야 한다는 법이었어요.

③ 남자들의 상투를 금지하는 법이었어요.

④ 머리의 앞부분을 밀게 하는 법이었어요.

2 1895년, 일본 공사인 미우라 고로가 경복궁에 쳐들어가 명성황후를 시해하고 일본 세력의 강화를 꾀한 사건이 무엇인지 고르세요.

① 임오군란   ② 갑신정변

③ 갑오개혁   ④ 을미사변

3 김구가 주막에서 마주친 일본인을 죽인 이유는 무엇인가요?

조선 사람으로 꾸민 일본인이 ＿＿＿＿＿＿＿＿＿＿＿＿ 생각했기 때문이에요.

4 일기에 쓰인 사건이 일어난 곳은 어디였나요?

＿＿＿＿＿＿＿＿＿＿＿

✏️▷ **낱말 풀이**

● **천운** 매우 다행스러운 운수
● **고초** 괴로움과 어려움을 아울러 이르는 말

대한민국을 우리 스스로 세웁시다

- 제목: 신탁통치 반대 집회
- 날짜: 1945년 12월 31일
- 장소: 서울운동장
- 내용:

친애하는 ●동포 여러분!

1910년 일본에 나라를 완전히 빼앗긴 이래 35년 만에 우리는 광복을 맞이했습니다. 내 나라를 되찾았다는 기쁨을 느낀 것도 잠시, 이제는 미국과 소련이 제2의 일본이 되어 조국을 집어삼키려 하고 있습니다.

일본이 우리나라를 짓밟는 동안 독립을 위해 투쟁한 임시정부가 있고 동포들이 있는데, 어찌하여 미국이, 소련이 우리나라를 다스린단 말입니까? 신탁통치란 곧 또다시 식민지가 되는 것이요. 다시 한번 나라를 빼앗기는 것과 다름없습니다.

대한민국의 일은 대한민국의 국민에게 맡겨야 마땅합니다. ●강대국이 모여 저들끼리 결정한 것을 그대로 따를 수는 없습니다. 다시 한번 우리 민족의 힘을 보여 주어야 할 때입니다. 다른 나라가 대한민국의 주인이 되는 것을 반대하고, 우리가 스스로 일어설 의지가 넘친다는 것을 보여 줍시다.

동포 여러분! 모이십시오. 다 함께 신탁통치 반대를 드높여 외칩시다. 그것만이 애국을 위한 길이요, 독립을 위한 길입니다.

1 글 속의 '강대국이 모여 저들끼리 결정한 것'에서 강대국이 모인 사건으로 알맞은 것을 고르세요.

① 카이로 회담

② 포츠담 선언

③ 얄타 회담

④ 모스크바 3상 회의

2 미국과 소련이 우리나라를 대신 다스리려는 것처럼, 스스로 다스릴 수 없는 나라를 일정 기간 동안 다른 나라가 대신 통치하는 것은 무엇인가요?

3 대한민국의 일을 결정하기 위해 모인 강대국이 아닌 것을 고르세요.

① 미국   ② 소련

③ 일본   ④ 영국

4 다음 문장을 읽고 괄호 안에 알맞은 단어를 찾아 ○ 하세요.

신탁통치가 결정되었다는 소식을 들은 김구와 임시정부 요인들은 신탁통치에 반대하는 (찬탁 / 반탁) 운동을 벌였어요. 그러나 얼마 지나지 않아 좌익 세력들은 (찬탁 / 반탁)으로 돌아섰어요.

✏️▷ **낱말 풀이**

● **동포** 같은 나라 또는 같은 민족의 사람을 다정하게 이르는 말
● **강대국** 정치·경제·군사적으로 힘이 강하고 큰 나라

한국광복군 모집 광고

한국광복군에서 대한민국의 독립을 위해 몸 바칠 용감한 청년을 모집합니다

- 지원 자격: 대한민국 청년이라면 누구나
- 모집 기간: 수시 모집

우리 한국광복군은 '한·중 두 나라의 독립을 회복하고자 공동의 적인 일본 제국주의를 타도하며 연합군의 일원으로 항전할 것을 목적으로 한다'라는 취지 아래 1940년 창설된 대한민국임시정부의 무장 독립군입니다.

윤봉길의 •거사 덕분에 중국의 지원을 받아 중국의 군관학교에서 군인 교육을 받게 된 지도 벌써 6년이 지났습니다. 기나긴 시간 동안 많은 사람들의 노력 끝에 대한 독립을 위해 무장 투쟁한 •무력을 갖추게 되었습니다. 그러나 일본을 상대하기 위해서는 더욱더 힘을 길러야 합니다. 이에 한국광복군에서는 독립을 위해 일본에 맞서 싸울 훌륭한 청년들을 모집합니다.

한국광복군은 지난 1941년 진주만을 공격한 일본에 선전포고했으며, 각지에서 찾아오는 동포들과 일본군에게 강제로 끌려갔다 탈출한 청년들, 조선의용대까지 합류하여 나날이 규모가 커지고 있습니다. 한국광복군은 이 순간에도 연합군의 일원으로 중국 각지에서 일본군에게 대항하고 있습니다. 미국과 함께 공동 작전도 펼칠 예정입니다. 훈련반에서 일정 기간 군사훈련을 받으면 누구나 한국광복군이 될 수 있습니다. 독립에 뜻이 있다면 찾아오기를 바랍니다.

1 광고의 목적으로 알맞은 것을 고르세요.

① 한국광복군 모집

② 한국광복군 군자금 모금

③ 대한민국임시정부 홍보

④ 중국과 대한민국 간의 관계 안내

2 중국의 지원을 받는 계기가 된 인물은 누구인가요?

3 한국광복군이 했거나, 앞으로 할 일이 아닌 것을 고르세요.

① 일본의 진주만 습격을 방어했다.

② 일본에 선전포고했다.

③ 중국 각지에서 일본과 싸우고 있다.

④ 미국과 공동 작전을 펼칠 예정이다.

4 한국광복군에 대한 설명으로 알맞지 않은 것을 고르세요.

① 대한민국임시정부의 무장 독립군이다.

② 한국광복군이 되려면 일정 기간 군사훈련을 받아야 한다.

③ 일본군에 끌려갔던 사람은 지원할 수 없다.

④ 연합군의 일원으로 일본에 맞서 싸울 것이다.

낱말 풀이

● **거사** 매우 거창한 일
● **무력** 군사상의 힘

효창공원에 다녀왔어요

- **학습자:** ○○초등학교 ○학년○반 ○○○
- **학습 장소:** 효창공원
- **학습 기간:** ○○월 ○○일 ○○시~○○시
- **학습 주제:** 효창공원과 백범 김구 기념관을 둘러본다.

- **학습 내용:** 원래 왕실의 무덤이 있던 효창공원은 현재 독립 유공자의 묘와 그들의 영정이 있는 의열사, 백범 김구 기념관이 있다.

　백범 김구의 묘는 높은 언덕 위에 있었는데, 백범 김구 기념관 2층에 있는 추모 공간 쪽 창문으로 바로 볼 수 있다고 한다. 의열사에는 김구와 백정기, 이봉창, 윤봉길 세 의사, 임시정부 요인들의 ●영정이 모셔져 있었다.

　의열사까지 둘러본 후에 마지막으로 백범 김구 기념관으로 향했다. 백범 김구 기념관에 들어서니 가장 먼저 태극기 앞에 앉아 있는 김구 동상이 보였다. 1층에는 김구의 가족들과 김구의 젊은 시절이, 2층에는 3·1 운동 이후부터 ●서거까지의 일생이 정리되어 있었다. 사진, 유물과 함께 전시되어 있었는데, 독립운동에 앞장섰던 만큼 우리나라 독립운동이 어떻게 이루어졌는지를 한눈에 알 수 있었다.

　전시 마지막에는 김구가 썼다는 백범일지를 위한 공간도 있었다. 우리나라뿐만 아니라 다른 나라에서도 출판되었다는 사실이 놀라웠다.

- **느낀 점:** 많은 사람의 희생이 있었기 때문에 우리나라가 독립을 이루었다는 사실이 놀라웠다. 그리고 힘들게 독립했는데 결국 나라가 분단되어 지금까지 통일이 되지 못했다는 게 안타까웠다.

1 효창공원에 모셔져 있는 위인을 모두 고르세요.

① 김구   ② 윤봉길

③ 안창호   ④ 홍범도

2 효창공원에 대한 설명으로 옳지 않은 것을 고르세요.

① 세 의사 묘와 임시정부 요인들의 묘가 있다.

② 백범 김구의 묘는 높은 언덕 위에 있다.

③ 백범 김구 기념관에서 멀리 떨어져 있다.

④ 원래는 왕실의 무덤이 있던 곳이다.

3 다음 문장을 읽고 괄호 안에 알맞은 단어를 찾아 ○ 하세요.

의열사에는 김구와 세 의사, 임시정부 요인들의 (유품 / 영정)이 모셔져 있어요.

4 백범 김구 기념관에 대한 설명으로 옳지 않은 것을 고르세요.

① 김구 추모 공간이 따로 마련되어 있다.

② 백범일지도 전시되어 있다.

③ 김구의 독립운동만 전시되어 있다.

④ 김구의 가족들에 대해서도 소개하고 있다.

✏️ **낱말 풀이**

● **영정** 제사나 장례를 지낼 때 위패 대신 쓰는, 사람의 얼굴을 그린 족자
● **서거** 죽어서 세상을 떠남

근현대사 독해 워크북 정답

김구

1일	❶ ①, ③	❷ 한인애국단
	❸ ③, ④	❹ 2억 중국인이 하지 못하는 일을 한 사람 한국인이 해냈다

2일	❶ 애국계몽운동	❷ ③
	❸ ②	❹ ①, ④

3일	❶ ①, ③	❷ ④
	❸ ③	❹ 서대문 형무소

4일	❶ ②	❷ ④
	❸ 국모를 시해한 본인이거나 그 일당이라고	❹ 치하포

5일	❶ ④	❷ 신탁 통치
	❸ ③	❹ 반탁, 찬탁

6일	❶ ①	❷ 윤봉길
	❸ ①	❹ ③

7일	❶ ①, ③	❷ ③
	❸ 영정	❹ ③

who? 한국사

초등 역사 공부의 첫 단추! '인물'을 알아야 시대가 보인다

● 선사 · 삼국   ● 남북국   ● 고려   ● 조선

※ who? 한국사(전 47권) | 대상 초등학교 전 학년 | 책 크기 188×255 | 각 권 페이지 190쪽 내외

who? 인물 중국사

인물로 배우는 최고의 역사 이야기

※ who? 인물 중국사 (전 30권) | 대상 초등학교 전 학년 | 책 크기 188×255 | 각 권 페이지 190쪽 내외

who? 아티스트

최고의 명작을 탄생시킨 아티스트들을 만나다

● 문화 · 예술 · 언론 · 스포츠

※ who? 아티스트(전 40권) | 대상 초등학교 전 학년 | 책 크기 188×255 | 각 권 페이지 190쪽 내외

who? 인물 사이언스

기술로 세상을 발전시킨 과학자들의 이야기

※ who? 인물 사이언스 (전 40권) | 대상 초등학교 전 학년 | 책 크기 188×255 | 각 권 페이지 180쪽 내외

who? 세계 인물

세상을 바꾼 위대한 인물들의 이야기

※ who? 세계 인물 (전 40권) | 대상 초등학교 전 학년 | 책 크기 188×255 | 각 권 페이지 180쪽 내외

who? 스페셜 · K-pop

아이들이 가장 만나고 싶고, 닮고 싶은 현대 인물 이야기

※ who? 스페셜 · K-pop | 대상 초등학교 전 학년 | 책 크기 188×255 | 각 권 페이지 190쪽 내외